Matherad 2

Arbeitsbuch

Nina Fiedel-Gellenbeck
Alma Tamborini

Unter Beratung von
Kathrin Brand
Katrin Brassat
Andreas Brockhaus
Ramona Brückner
Svenja Harde
Tanja Hitzel
Ute Hosch
Andrea Lenz
Franziska Rautenberg
Kersten Winkelmann

Ernst Klett Verlag
Stuttgart · Leipzig · Dortmund

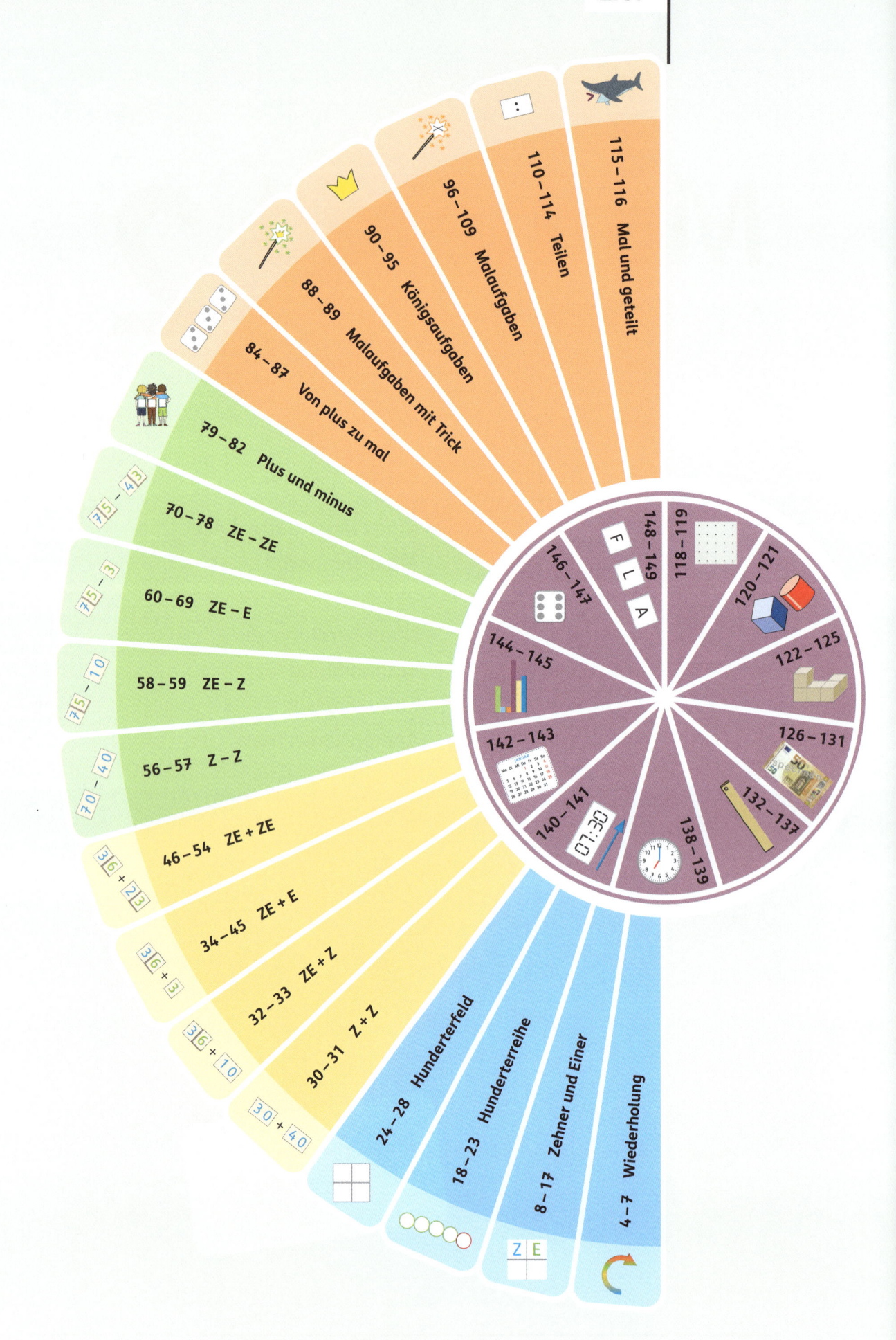

Matherad 2

Ziel

115–116 Mal und geteilt
110–114 Teilen
96–109 Malaufgaben
90–95 Königsaufgaben
88–89 Malaufgaben mit Trick
84–87 Von plus zu mal
79–82 Plus und minus
70–78 ZE – ZE
60–69 ZE – E
58–59 ZE – Z
56–57 Z – Z
46–54 ZE + ZE
34–45 ZE + E
32–33 ZE + Z
30–31 Z + Z
24–28 Hunderterfeld
18–23 Hunderterreihe
8–17 Zehner und Einer
4–7 Wiederholung

148–149 FLA
146–147
144–145
142–143
140–141
138–139
132–137
126–131
122–125
120–121
118–119

Start

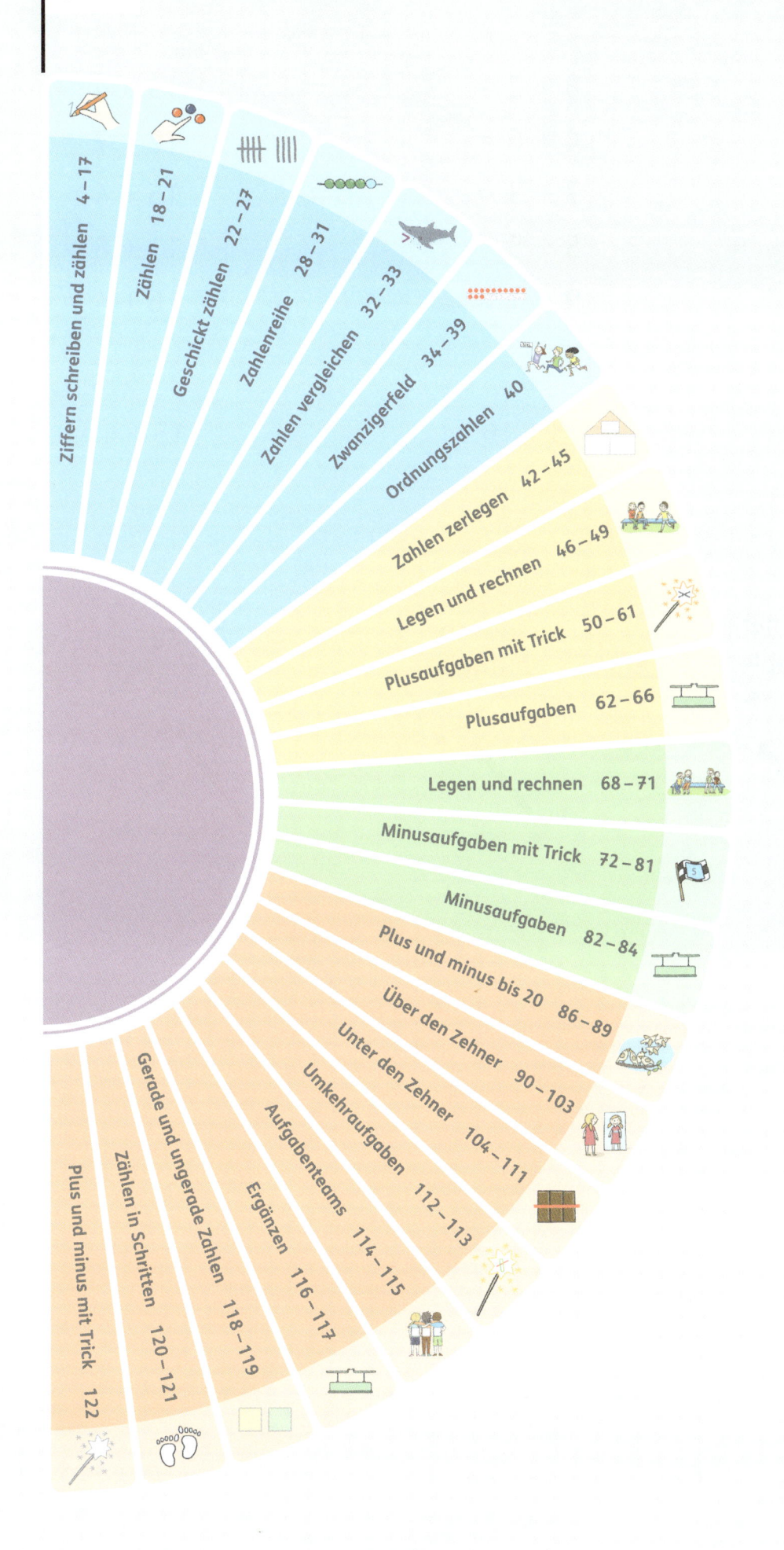

Matherad 1

- Ziffern schreiben und zählen 4–17
- Zählen 18–21
- Geschickt zählen 22–27
- Zahlenreihe 28–31
- Zahlen vergleichen 32–33
- Zwanzigerfeld 34–39
- Ordnungszahlen 40
- Zahlen zerlegen 42–45
- Legen und rechnen 46–49
- Plusaufgaben mit Trick 50–61
- Plusaufgaben 62–66
- Legen und rechnen 68–71
- Minusaufgaben mit Trick 72–81
- Minusaufgaben 82–84
- Plus und minus bis 20 86–89
- Über den Zehner 90–103
- Unter den Zehner 104–111
- Umkehraufgaben 112–113
- Aufgabenteams 114–115
- Ergänzen 116–117
- Gerade und ungerade Zahlen 118–119
- Zählen in Schritten 120–121
- Plus und minus mit Trick 122

Wiederholung

1

2 + 5 = 7
1 + 5 =
3 + 5 =
0 + 5 =
4 + 5 =

8 + 2 =
4 + 6 =
7 + 3 =
5 + 5 =
9 + 1 =

13 + 4 =
12 + 7 =
15 + 4 =
11 + 8 =
16 + 4 =

2

6 + 4 =   3 + 16 =   15 + 4 =

Verliebte Zahlen   Tauschaufgabe   Zwerg und Riese

12 + 6 =   13 + 5 =   4 + 14 =   3 + 7 =

3

1 + 9 = 10
2 + 8 =
3 + 7 =
☐ + ☐ = ☐
☐ + ☐ = ☐

10 + 8 =
10 + 7 =
10 + 6 =
☐ + ☐ = ☐
☐ + ☐ = ☐

Trainingsheft 2 S. 2   6.2 Algorithmen erkennen

Wiederholung

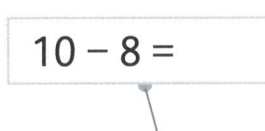

4

8 − 3 = 5	10 − 1 = ☐	19 − 1 = ☐
6 − 1 = ☐	10 − 0 = ☐	16 − 4 = ☐
5 − 0 = ☐	10 − 7 = ☐	13 − 2 = ☐
9 − 4 = ☐	10 − 10 = ☐	18 − 5 = ☐
7 − 2 = ☐	10 − 9 = ☐	15 − 3 = ☐

5

10 − 8 =   18 − 5 =   10 − 6 =

Verliebte Zahlen

Zwerg und Riese

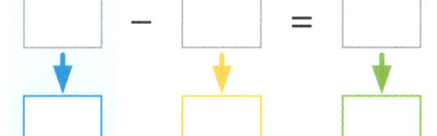

17 − 4 =   16 − 5 =   10 − 3 =   19 − 7 =

6

10 − 8 = 2		18 − 8 = ☐
10 − 6 = ☐		17 − 7 = ☐
10 − 4 = ☐		16 − 6 = ☐
☐ − ☐ = ☐		☐ − ☐ = ☐
☐ − ☐ = ☐		☐ − ☐ = ☐

Trainingsheft 2 S. 3   6.2 Algorithmen erkennen

Wiederholung

7

Zahl	2	4	3	6	8	7	10	9
das Doppelte	4							

8 Welche Aufgabe hilft dir?

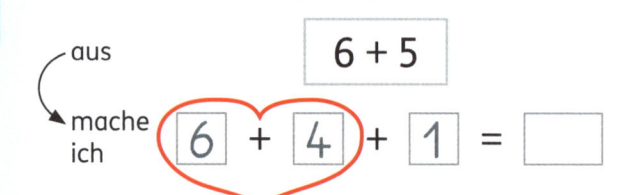

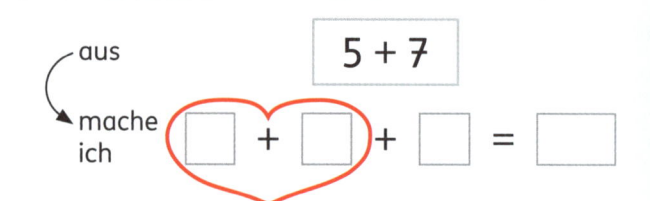

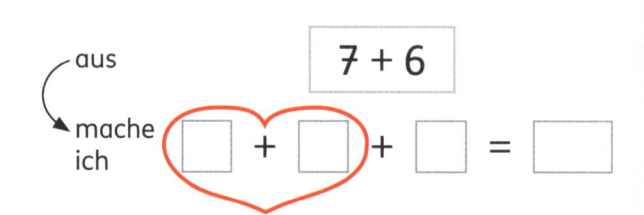

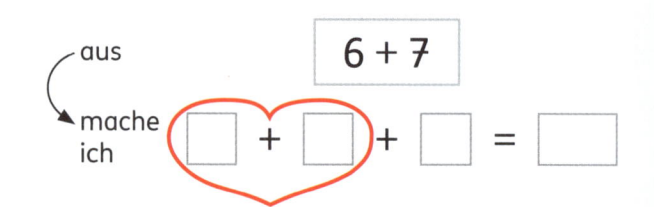

9 + 6 = ☐

☐ 9 + 9 = ☐
☒ 10 + 6 = 16
☐ 9 + 7 = ☐

7 + 4 = ☐

☐ 7 + 5 = ☐
☐ 7 + 3 = ☐
☐ 4 + 4 = ☐

7 + 8 = ☐

☐ 7 + 10 = ☐
☐ 7 + 7 = ☐
☐ 8 + 8 = ☐

9

aus 6 + 5 mache ich 6 + 4 + 1 = ☐

aus 5 + 7 mache ich ☐ + ☐ + ☐ = ☐

aus 8 + 9 mache ich ☐ + ☐ + ☐ = ☐

aus 7 + 6 mache ich ☐ + ☐ + ☐ = ☐

aus 9 + 4 mache ich ☐ + ☐ + ☐ = ☐

aus 6 + 7 mache ich ☐ + ☐ + ☐ = ☐

aus 5 + 8 mache ich ☐ + ☐ + ☐ = ☐

aus 8 + 6 mache ich ☐ + ☐ + ☐ = ☐

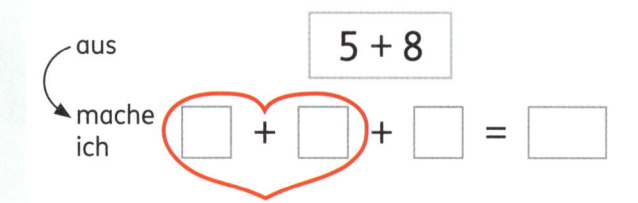

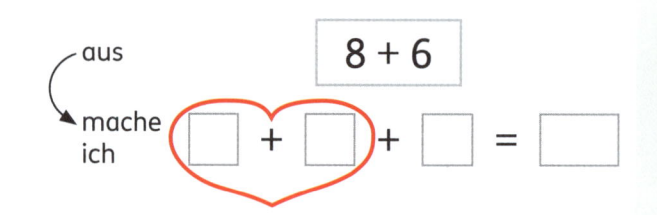

→ Trainingsheft 2 S. 4

Wiederholung

10

Zahl	6	4	2	12	20	16	18	14
die Hälfte	3							

11 Welche Aufgabe hilft dir?

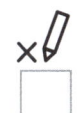

16 − 7 = ☐   14 − 6 = ☐   12 − 7 = ☐

[X] 16 − 8 = 8   ☐ 14 − 4 = ☐   ☐ 12 − 2 = ☐
☐ 16 − 6 = ☐   ☐ 14 − 7 = ☐   ☐ 12 − 6 = ☐
☐ 16 − 3 = ☐   ☐ 14 − 10 = ☐   ☐ 12 − 4 = ☐

12

aus 13 − 4
mache ich 13 − 3 − 1 = ☐

aus 15 − 7
mache ich ☐ − ☐ − ☐ = ☐

aus 12 − 5
mache ich ☐ − ☐ − ☐ = ☐

aus 17 − 9
mache ich ☐ − ☐ − ☐ = ☐

aus 11 − 6
mache ich ☐ − ☐ − ☐ = ☐

aus 14 − 8
mache ich ☐ − ☐ − ☐ = ☐

13 Kartei Zurück zur 10

14 Kartei Aufgabenteams

☐ → **Trainingsheft 2** S. 5
☐ → **Expertenheft 2** S. 2

Zehner und Einer

Z | E

schätzen

Ich schätze: Es sind 53 Murmeln.

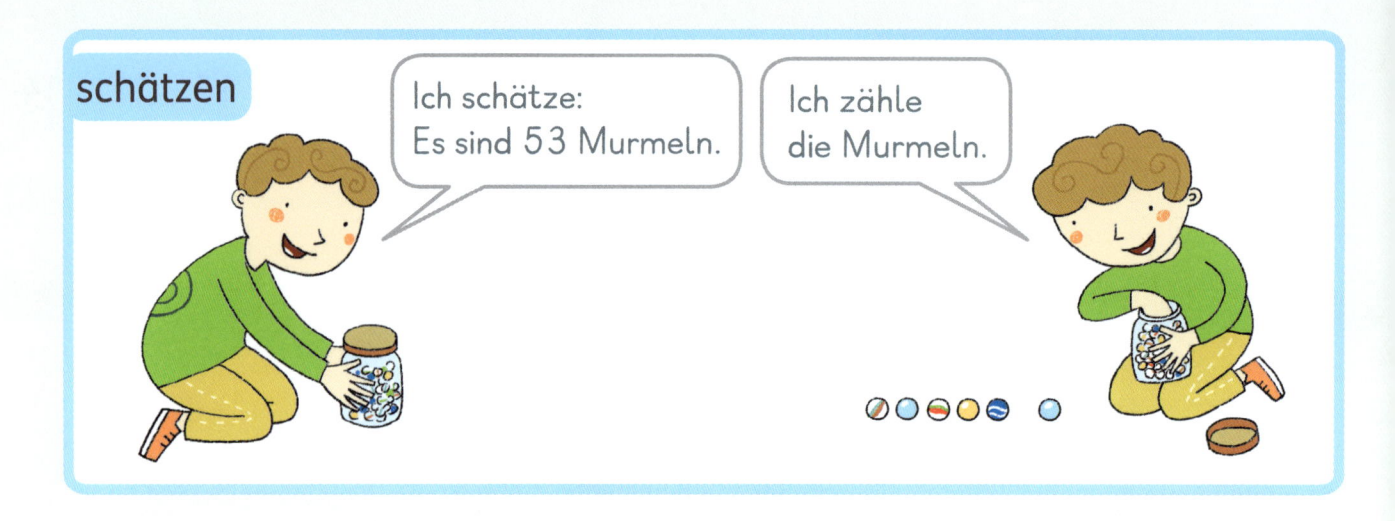

Ich zähle die Murmeln.

15 Nimm dir ein Schätzglas.

Ich schätze: Es sind

Ich zähle: Es sind

16 Lege den Inhalt deines Glases auf den Tisch.

Sortiere so, dass andere die Anzahl schnell erkennen können.

Male auf.

4.1 Medienproduktion und Präsentation

Zehner und Einer

Z | E

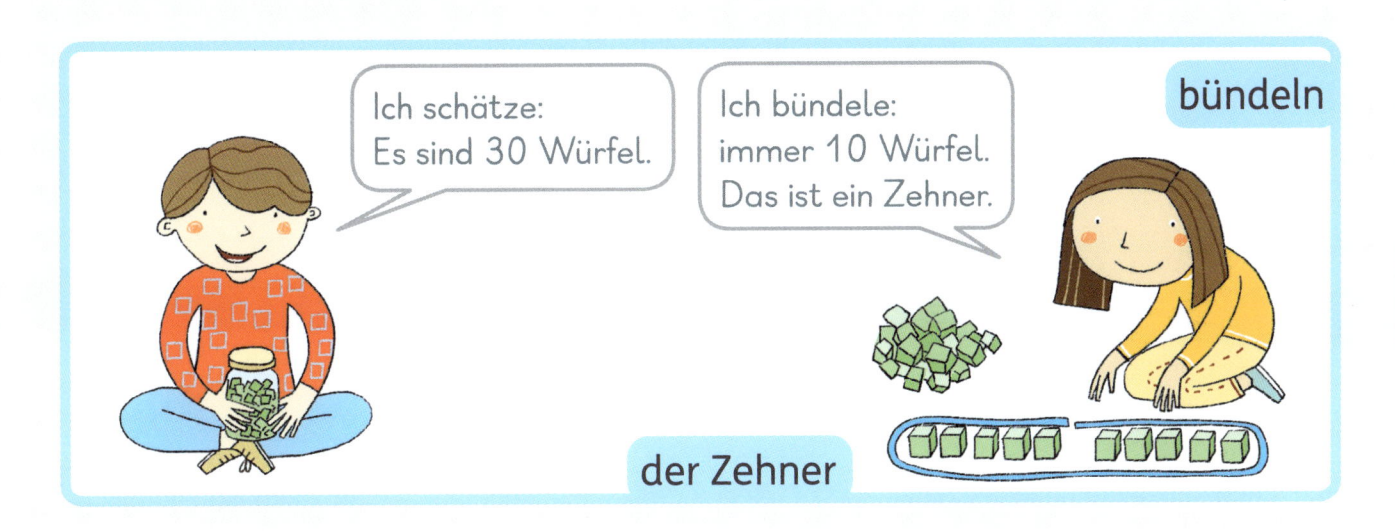

Ich schätze: Es sind 30 Würfel.

Ich bündele: immer 10 Würfel. Das ist ein Zehner.

bündeln

der Zehner

17 Schätze zuerst.

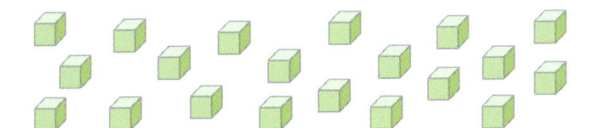

Ich schätze:
Es sind ☐ Würfel.

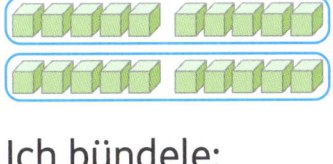

Ich bündele:
Es sind ☐ Zehner.

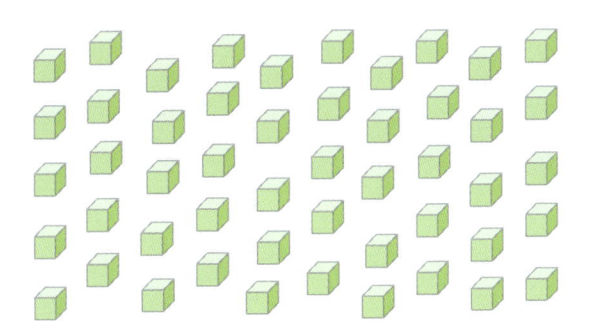

Ich schätze:
Es sind ☐ Würfel.

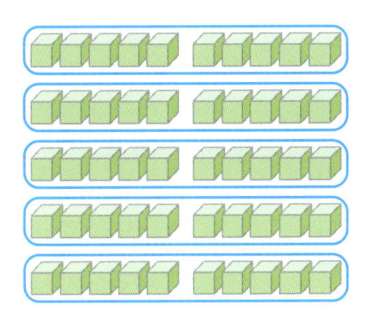

Ich bündele:
Es sind ☐ Zehner.

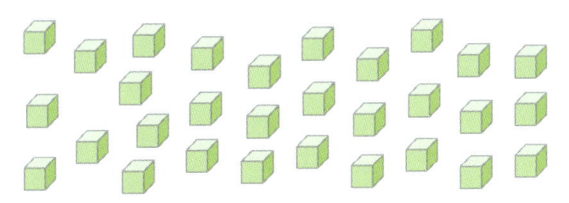

Ich schätze:
Es sind ☐ Würfel.

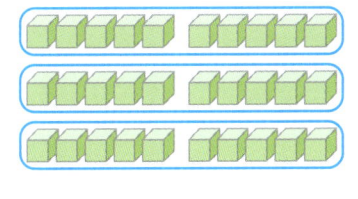

Ich bündele:
Es sind ☐ Zehner.

→ Trainingsheft 2 S. 6

Zehner und Einer

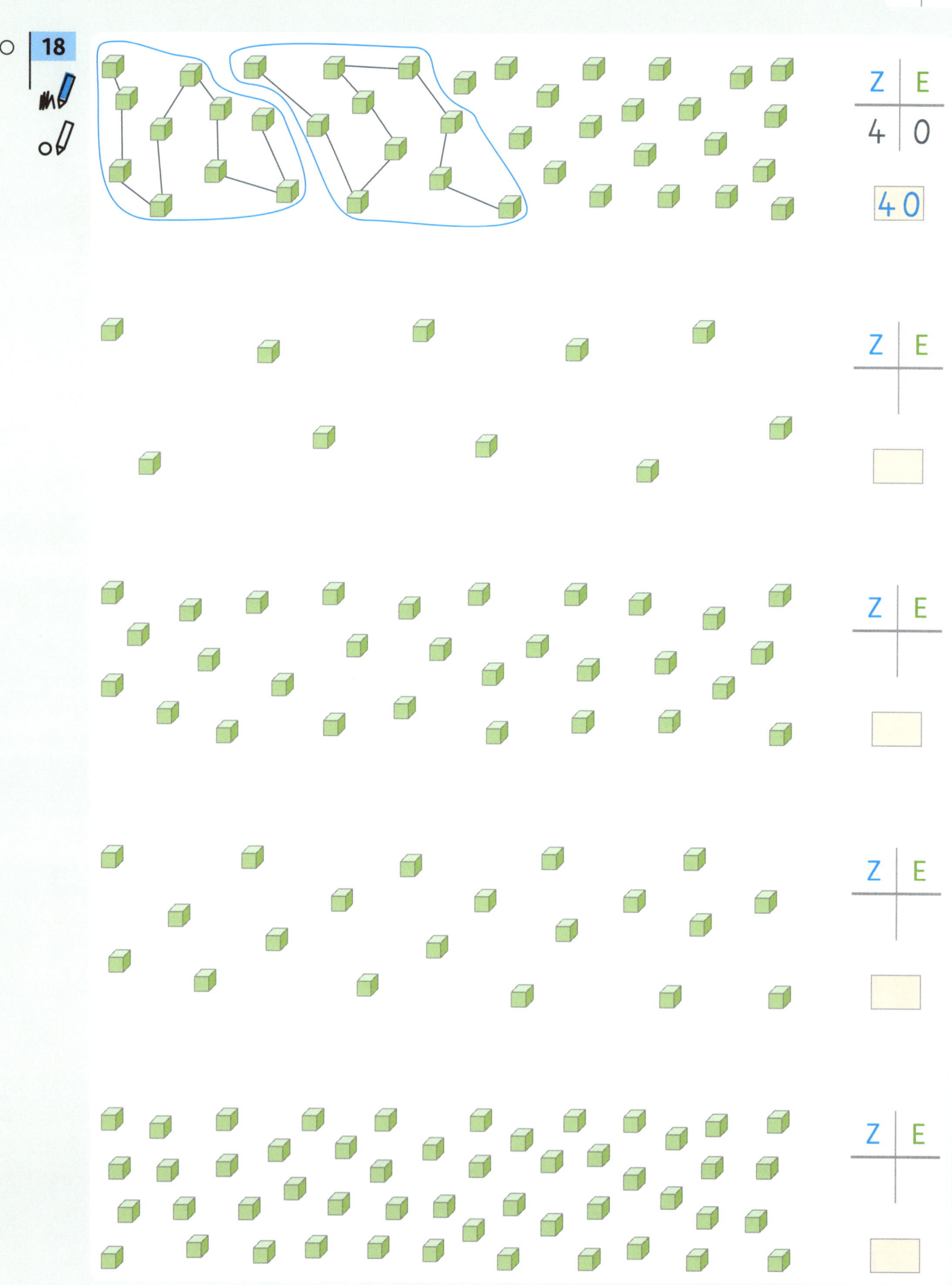

18

Z	E
4	0

40

Z	E

Z	E

Z	E

Z	E

Zehner und Einer

Z | E

19

Z | E
3 | 6

Z | E

Z | E

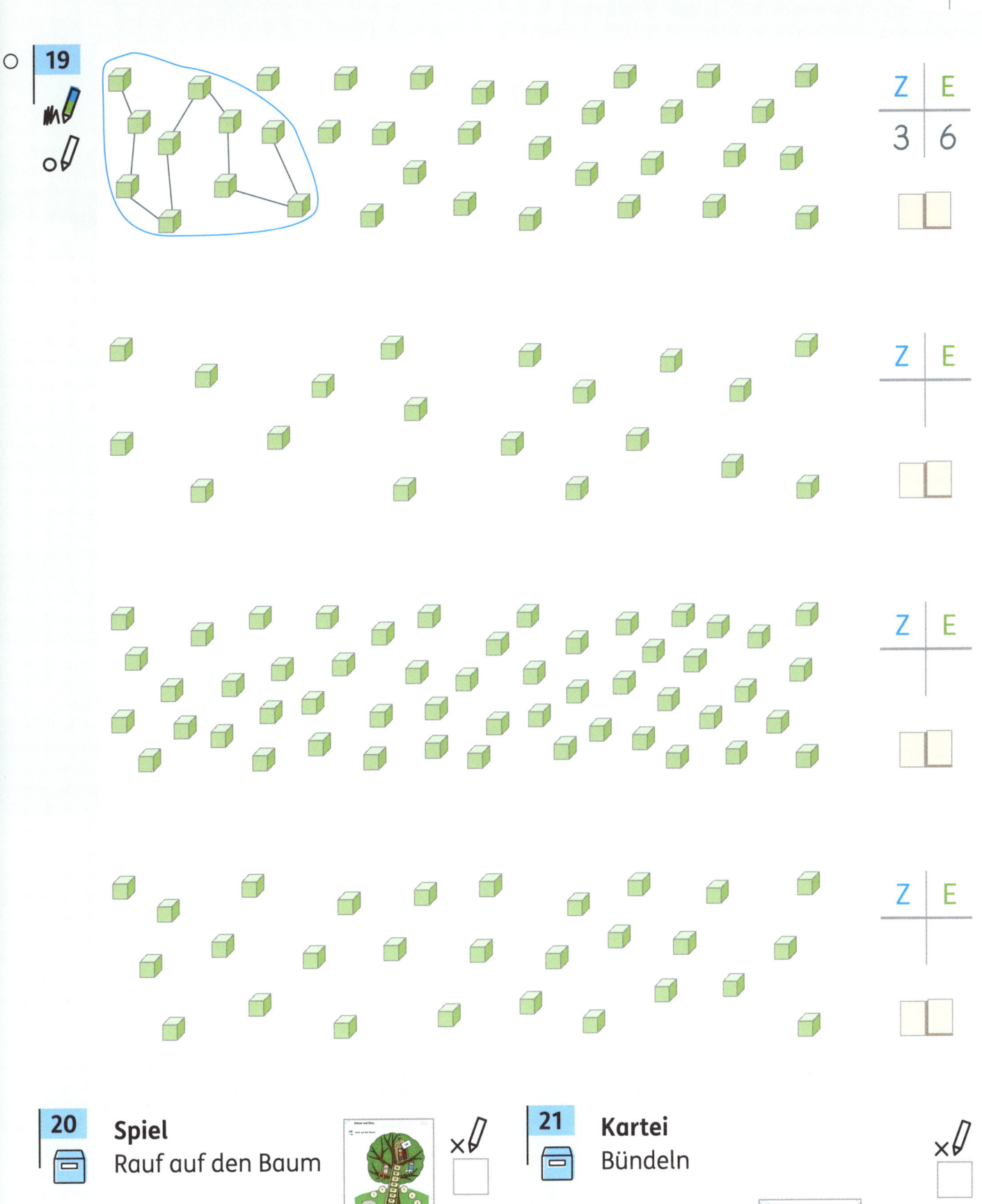

Z | E

20 Spiel Rauf auf den Baum

gespielt mit _____

21 Kartei Bündeln

→ Trainingsheft 2 S. 7

Zehner und Einer

Z | E

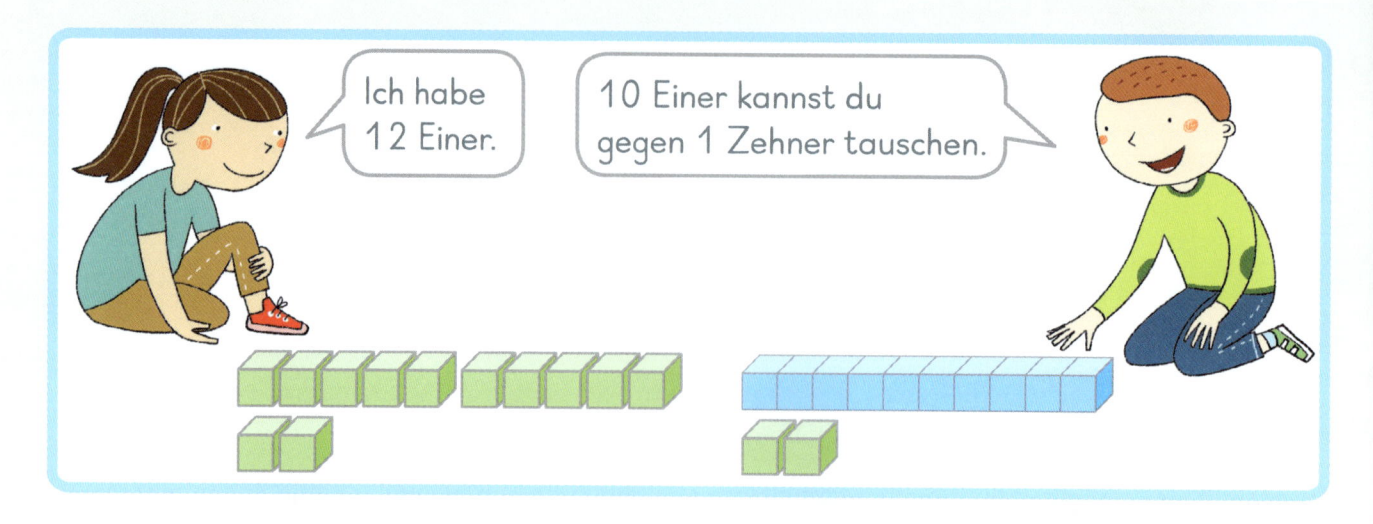

"Ich habe 12 Einer."

"10 Einer kannst du gegen 1 Zehner tauschen."

22 Tausche 10 Einer gegen 1 Zehner. Was gehört zusammen?

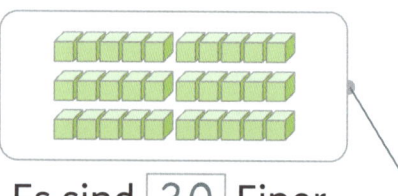

Es sind 30 Einer.

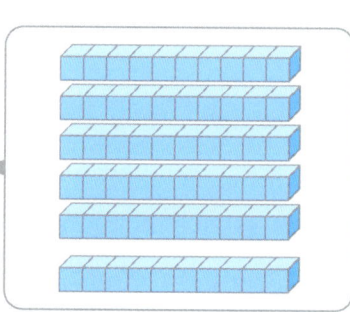

Es sind ☐ Zehner.

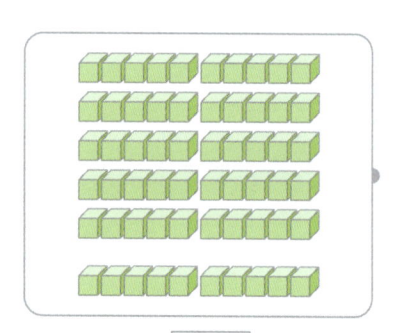

Es sind ☐ Einer.

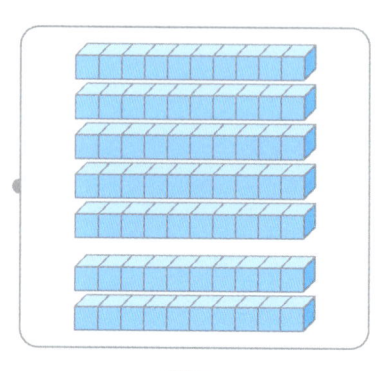

Es sind ☐ Zehner.

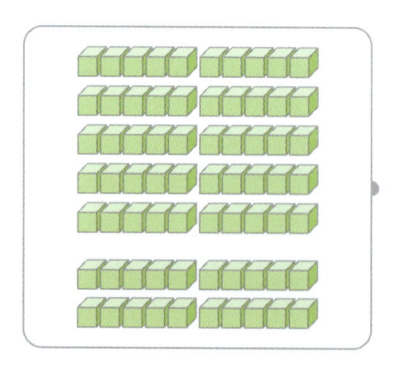

Es sind ☐ Einer.

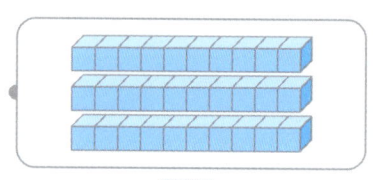

Es sind ☐ Zehner.

12

Zehner und Einer

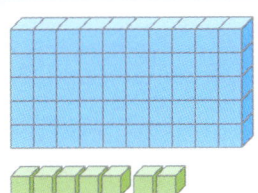

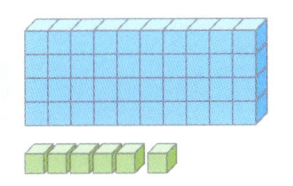

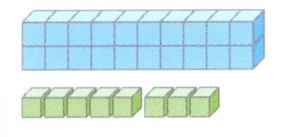

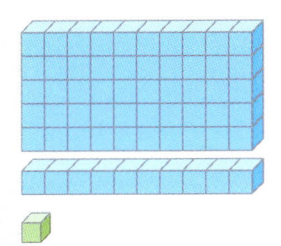

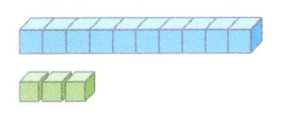

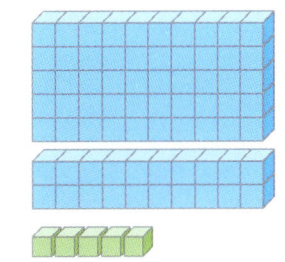

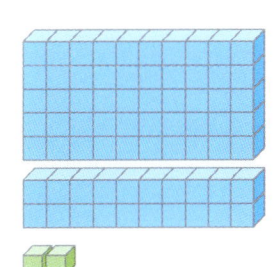

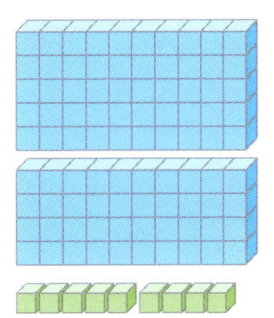

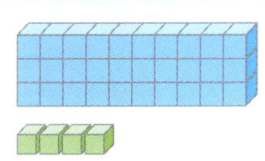

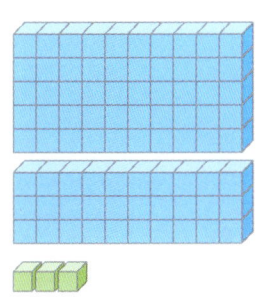

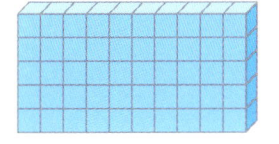

23

Z	E
5	7

Trainingsheft 2 S. 8
Expertenheft 2 S. 3

Zehner und Einer

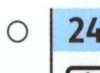

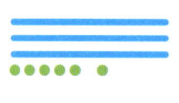

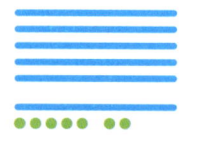

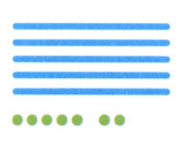

die Geheimschrift

Ich zeichne 6 Zehner und 8 Einer.

Z	E
4	3

Zehner und Einer

25

Z	E
3	0

Z	E
6	4

Z	E
1	8

Z	E
	9

Z	E
2	5

Z	E
3	9

Z	E
5	2

Z	E
4	7

Z	E
8	9

Z	E
7	3

Z	E
6	6

Z	E
9	5

26 Karten
Geheimschrift-Memo

gespielt mit _____

27 Kartei
Geheimschrift

→ Trainingsheft 2 S. 9

Zehner und Einer

28

45
45 = 40 + 5

☐ = ☐ + ☐

...

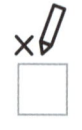

29 **Heft**
Zerlege 10 Zahlen in Zehner und Einer.
47 = 40 + 7

30 **Karten**
Schau schnell!

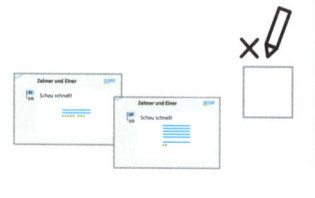

gespielt mit _____

16 → Trainingsheft 2 S. 10

Zehner und Einer

31 Lass dir von einem Kind 3 Zahlen sagen. Schreibe die Zahlen hier auf.

Prüfe und kreuze an.

☐ Ich höre zuerst den Zehner.
☐ Ich höre zuerst den Einer.

☐ Ich schreibe zuerst den Zehner.
☐ Ich schreibe zuerst den Einer.

32

sechs	und	zwanzig	2 6
vier	und	sechzig	
ein	und	fünfzig	

zwei	und	vierzig	
acht	und	siebzig	
fünf	und	dreißig	

33

🇩🇪
zwanzig
einundzwanzig
zweiundzwanzig

🇬🇧
twenty
twenty-one
twenty-two

🇪🇸
veinte
veintiuno
veintidós

Meine Sprache
20 _____
21 _____
22 _____

Vergleiche die Sprachen. Was fällt dir auf?
_____

Trainingsheft 2 S. 11   4.1 Medienproduktion und Präsentation

Hunderterreihe

Das sind 100 Perlen.

die Hunderkette

○ | 34

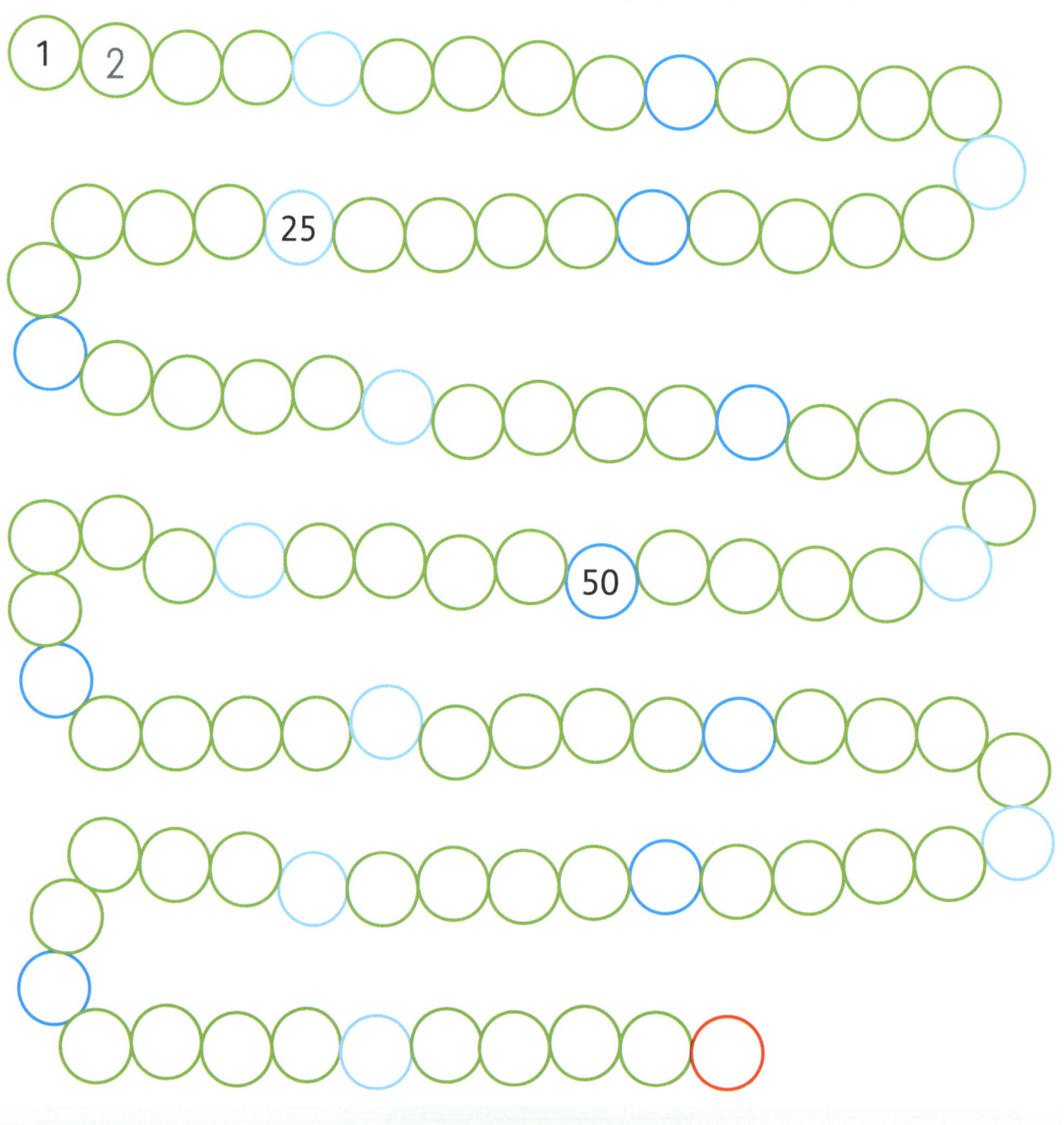

18 □ □ → **Expertenheft 2** S. 4

Hunderterreihe

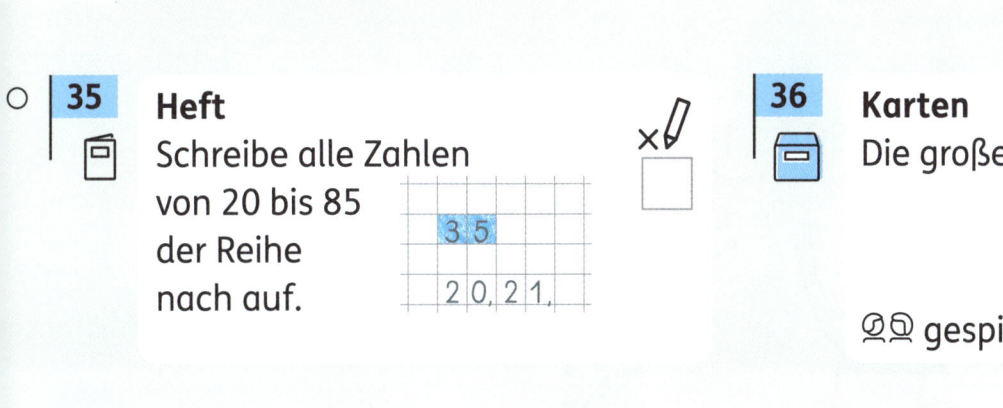

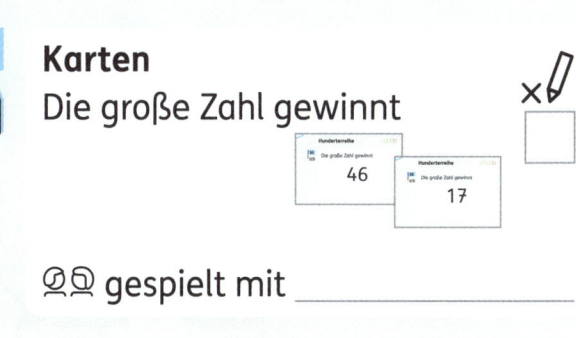

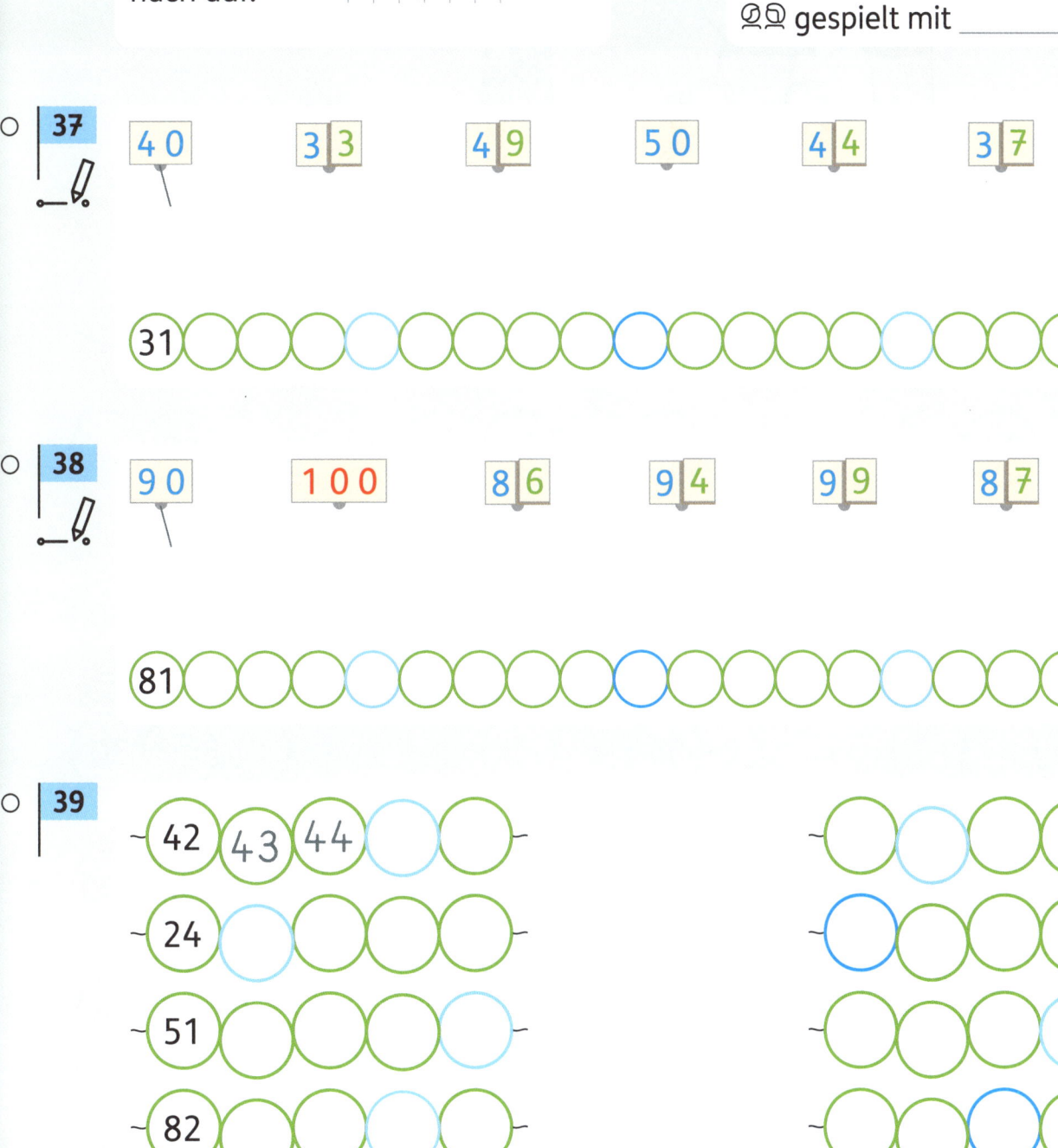

35 Heft
Schreibe alle Zahlen von 20 bis 85 der Reihe nach auf.

3 5
2 0, 2 1,

36 Karten
Die große Zahl gewinnt

46
17

gespielt mit _____

37
4 0   3 3   4 9   5 0   4 4   3 7   4 2

31 ◯◯◯◯◯◯◯◯◯◯◯◯◯◯◯◯◯◯◯

38
9 0   1 0 0   8 6   9 4   9 9   8 7   8 5

81 ◯◯◯◯◯◯◯◯◯◯◯◯◯◯◯◯◯◯◯

39
42 – 43 – 44 – ◯ – ◯
24 – ◯ – ◯ – ◯ – ◯
51 – ◯ – ◯ – ◯ – ◯
82 – ◯ – ◯ – ◯ – ◯
36 – ◯ – ◯ – ◯ – ◯
73 – ◯ – ◯ – ◯ – ◯

◯ – ◯ – ◯ – ◯ – 98
◯ – ◯ – ◯ – ◯ – 34
◯ – ◯ – ◯ – ◯ – 66
◯ – ◯ – ◯ – ◯ – 72
◯ – ◯ – ◯ – ◯ – 60
◯ – ◯ – ◯ – ◯ – 92

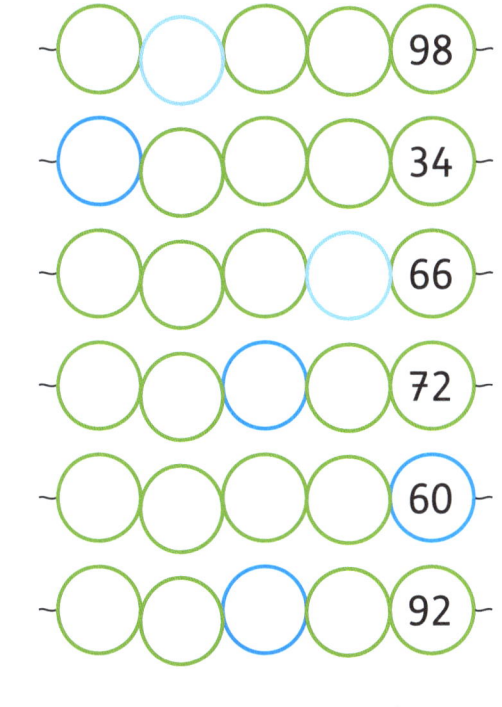

☐ 📖→ **Trainingsheft 2** S. 12
☐ 📖→ **Expertenheft 2** S. 5

Hunderterreihe

V N

49 50 51

die **N**achbarzahlen

der **V**orgänger

der **N**achfolger

40

22 23 24   42   49

   33   52   59

41

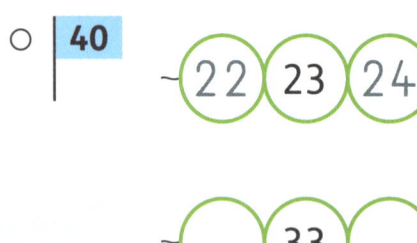

37 38 39   74   60

47   54   30

27   64   100

57   94   70

42 Spiel und Karten
Perlenkette

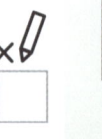

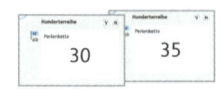

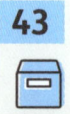

gespielt mit _____

43 Kartei
Zahlen ordnen und vergleichen

→ Trainingsheft 2 S. 13

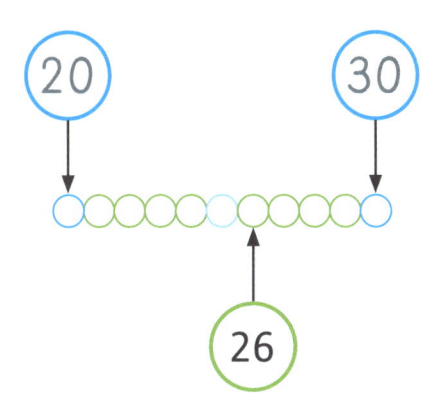

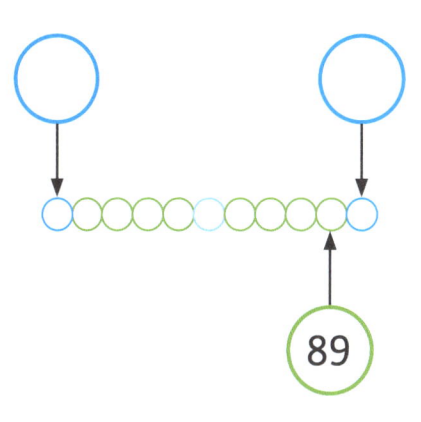

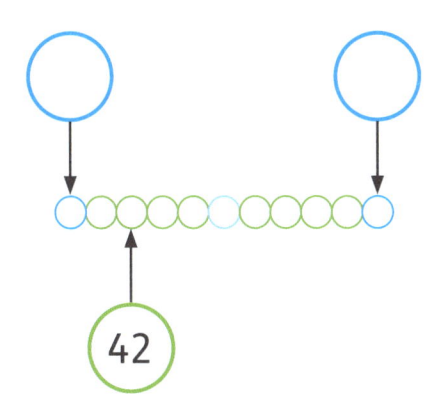

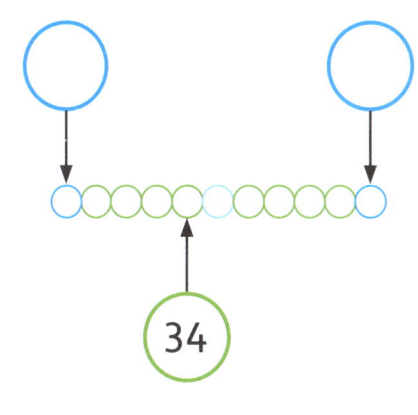

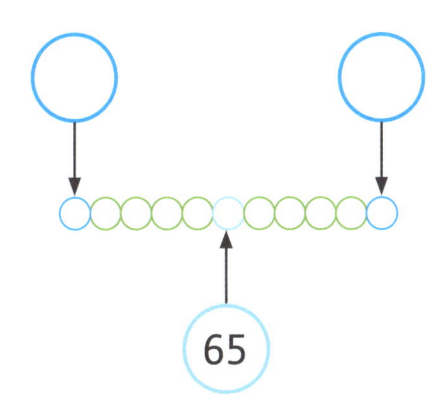

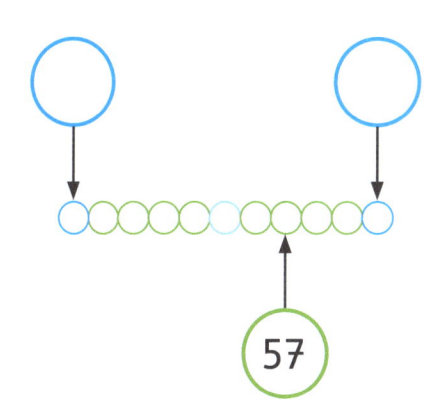

Hunderterreihe

NZ NZ

die **N**achbar**z**ehner

Die Nachbarzehner von 54 heißen 50 und 60.

44

(20) → ... ← (30)
       ↑
      (26)

( ) → ... ← ( )
       ↑
      (89)

( ) → ... ← ( )
  ↑
 (42)

( ) → ... ← ( )
       ↑
      (34)

( ) → ... ← ( )
       ↑
      (65)

( ) → ... ← ( )
       ↑
      (57)

→ Trainingsheft 2 S. 14

Hunderterreihe

V N NZ

45

V		N
62	63	64
	75	
	46	

V		N
	24	
	37	
	81	

V		N
	95	
	59	
	42	

46

V		N
49	50	51
	93	
		56

V		N
89		
	28	
		62

V		N
71		
	80	
		33

47 Kartei
Nachbarzahlen

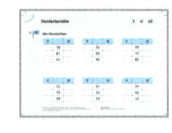

48 Karten
Nachbarzahlen-Quiz

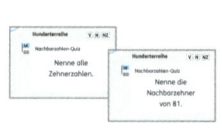

gespielt mit _____

49

NZ		NZ
60	63	70
	75	
	16	

NZ		NZ
	24	
	37	
	81	

NZ		NZ
	95	
	59	
	42	

50

NZ		NZ
50	52	60
20		30
70		80

NZ		NZ
40		
10		
30		

NZ		NZ
		90
		70
		100

→ Trainingsheft 2 S. 15

Hunderterreihe

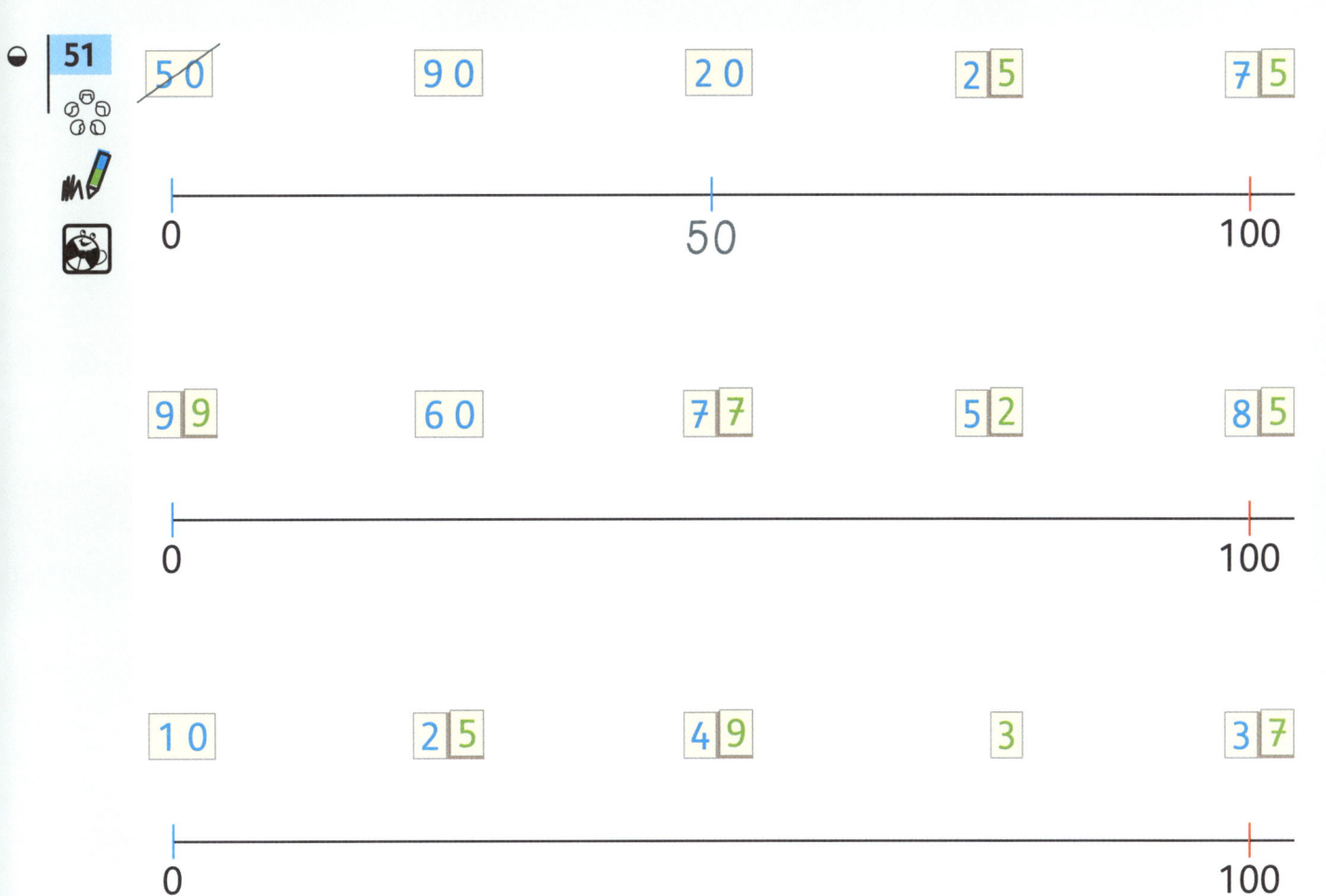

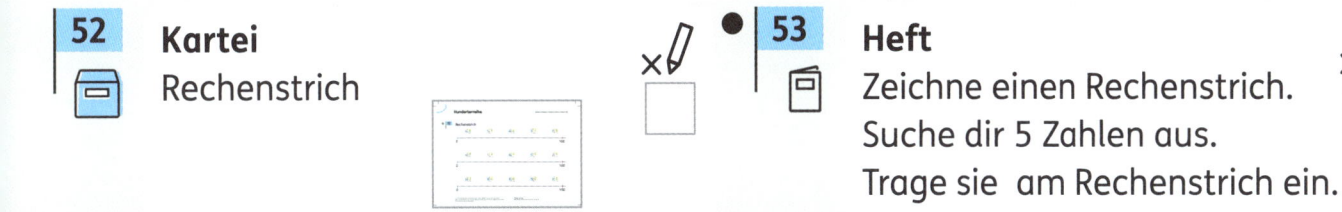

der Rechenstrich

0 — 50 — 100

Die 50 liegt in der Mitte von 0 und 100.

51

| 5̶0̶ | 90 | 20 | 25 | 75 |

0 — 50 — 100

| 99 | 60 | 77 | 52 | 85 |

0 — 100

| 10 | 25 | 49 | 3 | 37 |

0 — 100

52 Kartei — Rechenstrich

53 Heft — Zeichne einen Rechenstrich. Suche dir 5 Zahlen aus. Trage sie am Rechenstrich ein.

→ Trainingsheft 2 S. 16

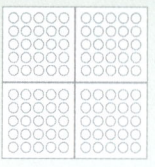

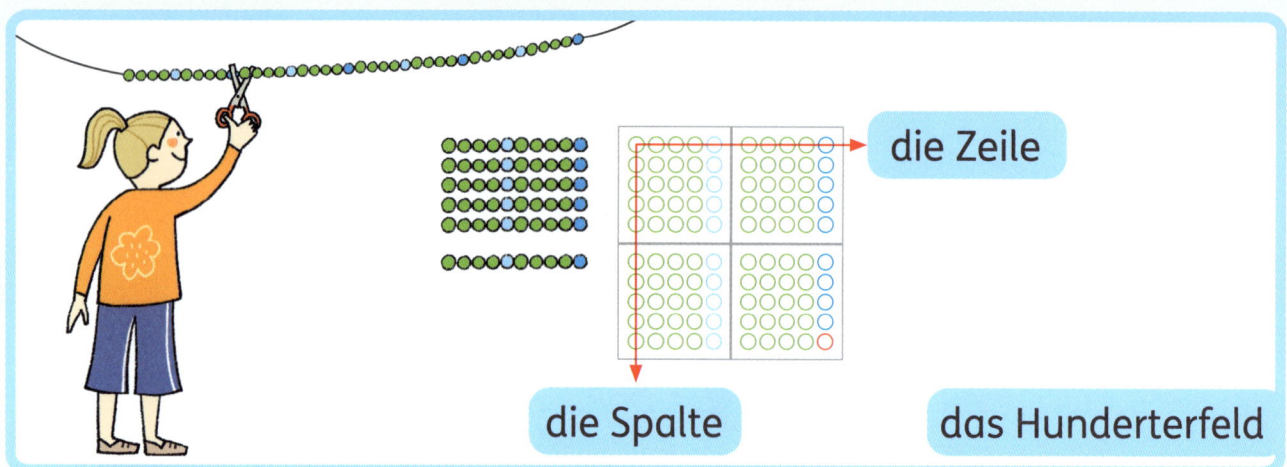

Hunderterfeld

die Zeile

die Spalte

das Hunderterfeld

54 Zeige die Zahlen am Hunderterfeld und male sie an.

○ ~~10~~, 20, 30, 40, 50, 60, 70, 80, 90

○ ~~5~~, 15, 25, 35, 45, 55, 65, 75, 85, 95

○ ~~1~~, 12, 23, 34, 56, 67, 78, 89, 19, 28, 37, 46, 64, 73, 82, 91

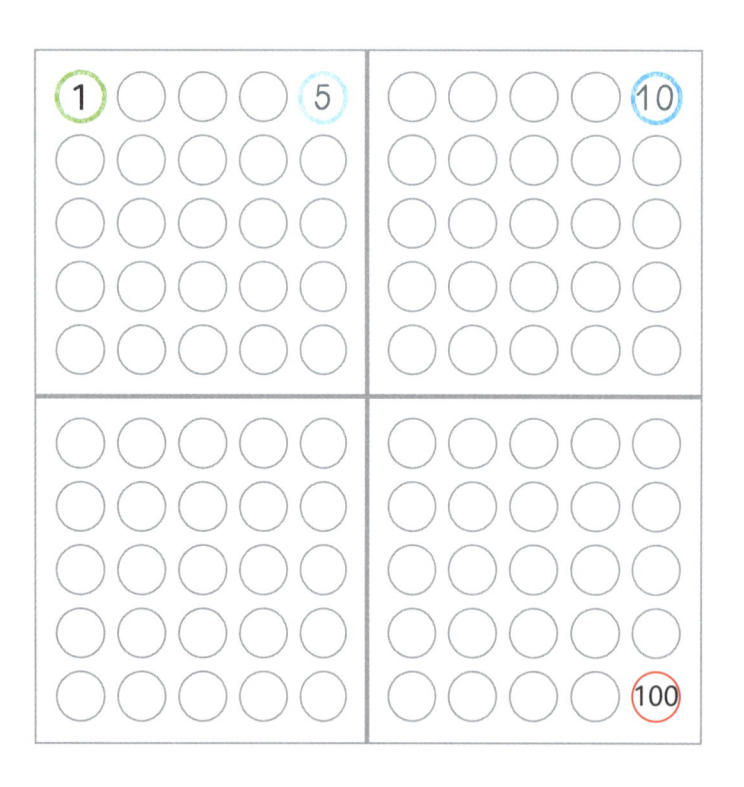

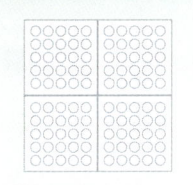

Hunderterfeld

55 Welche Zahlen haben sich im Hunderterfeld versteckt?

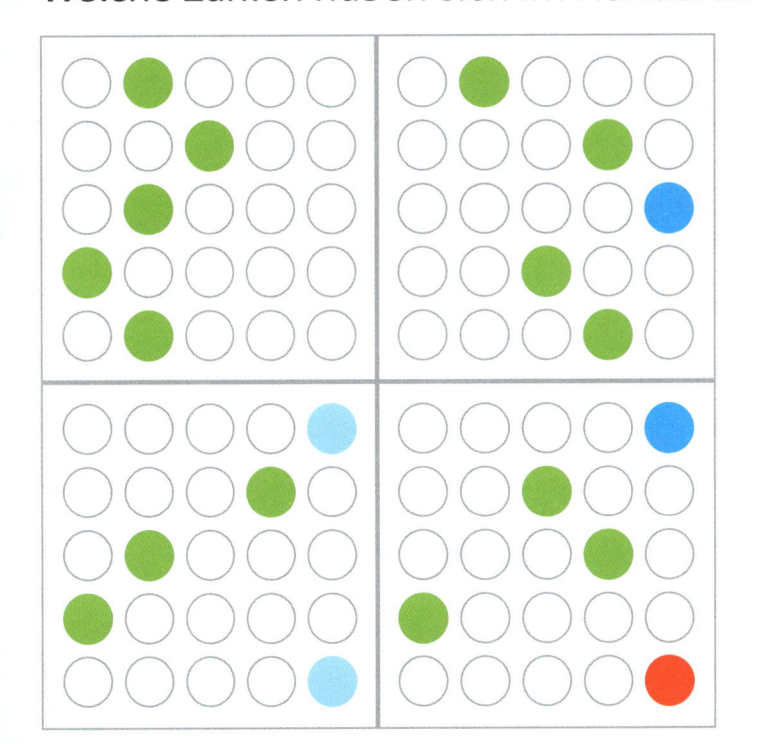

2	7

56 Male die Felder passend an.

3̷	31
13	32
23	33
33	34
43	35
53	36
63	37
73	38
83	39
93	40

Betrachte die ausgemalten Felder. Was fällt dir auf?

→ Trainingsheft 2 S. 17/18   3.1 Kommunikations- und Kooperationsprozesse

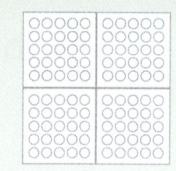

Hunderterfeld

57 Male das Feld mit deiner Lieblingszahl 🟡 an.
Male das Feld mit 100 🔴 an.
Male alle Felder in der 5. Spalte 🔵 an.
Male alle Felder in der 10. Spalte 🔵 an.
Male die restlichen Felder in der 6. Zeile 🟢 an.

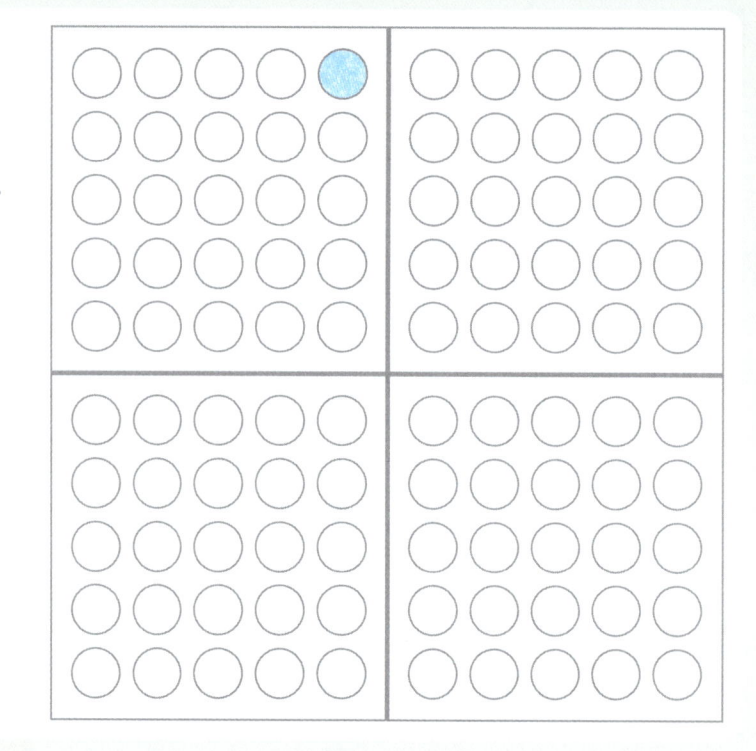

58 Welche Zahlen stehen in der Spalte unter der 1?

11 _____

Was fällt dir auf?

☐ Die Zahlen werden immer um 1 größer.

☐ Die Zahlen werden immer um 10 größer.

Welche Zahlen stehen in der Zeile rechts neben der 81?

_____

Was fällt dir auf?

☐ Die Zahlen werden immer um 1 größer.

☐ Die Zahlen werden immer um 10 größer.

59 **Spiel**
Unterwegs auf dem Hunderterfeld

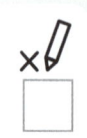

👥 gespielt mit _____

60 **Kartei**
Wege auf dem Hunderterfeld

→ Expertenheft 2 S. 6

MK 3.1 Kommunikations- und Kooperationsprozesse

Hunderterfeld

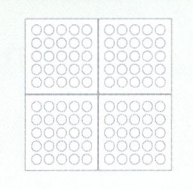

61

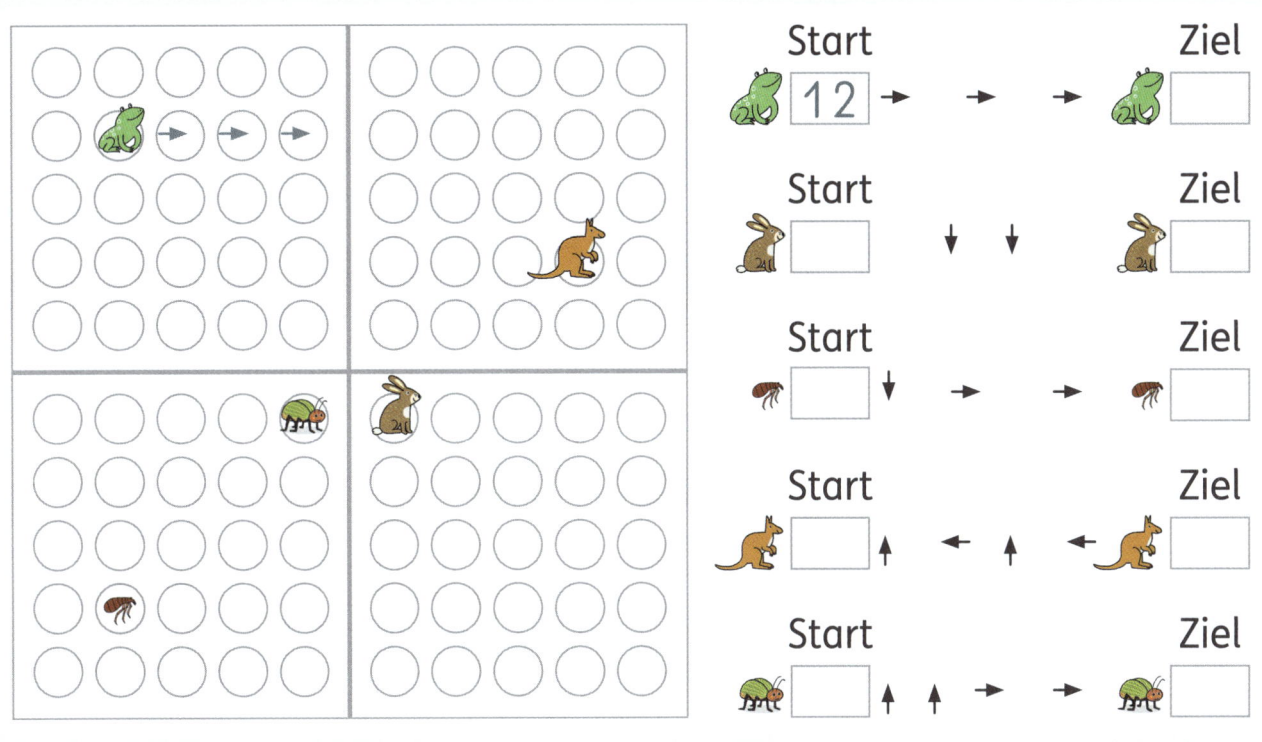

Start → → → Ziel
🐸 12 → → → 🐸 ☐

Start ↓ ↓ Ziel
🐰 ☐ 🐰 ☐

Start ↓ → → Ziel
🐜 ☐ 🐜 ☐

Start ↑ ← ↑ ← Ziel
🦘 ☐ 🦘 ☐

Start ↑ ↑ → → Ziel
🐜 ☐ 🐜 ☐

62

Meine Zahl steht in der 3. Zeile und hat 5 Einer. Meine Zahl heißt _____ .

Meine Zahl steht in der 6. Spalte und hat 5 Zehner. Meine Zahl heißt _____ .

Ich gehe von der 47 3 Felder nach rechts. Meine Zahl heißt _____ .

→ **Expertenheft 2** S. 7

3.1 Kommunikations- und Kooperationsprozesse

Hunderterfeld

63 Wie heißt die Zahl?

66 | ☐ | ☐ | ☐

☐ | ☐ | ☐ | ☐

☐ | ☐ | ☐ | ☐

☐ | ☐ | ☐ | ☐

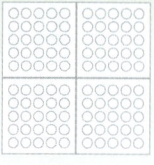

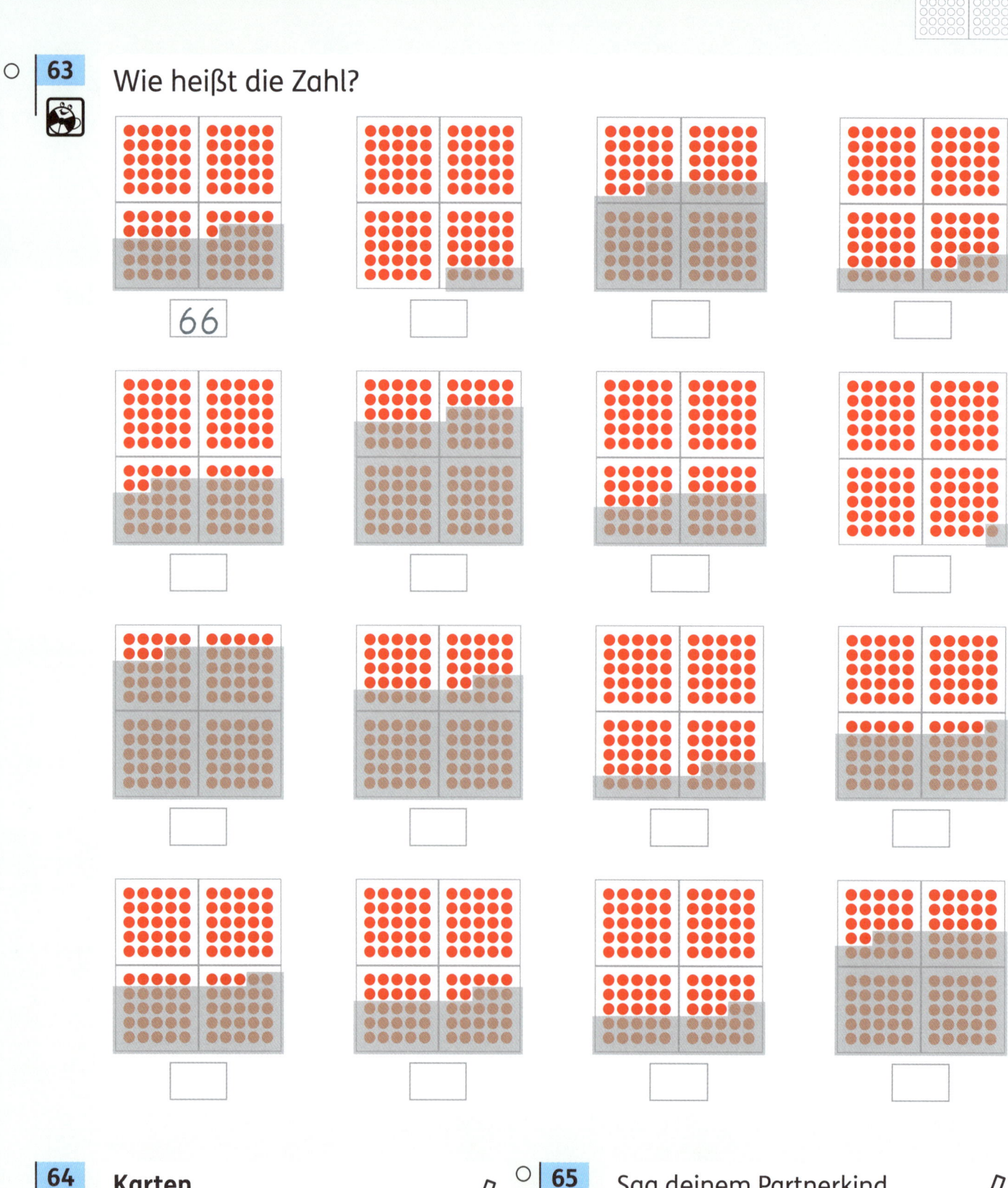

64 Karten Blitzschnell

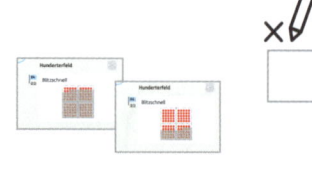

👥 gespielt mit _____

65 Sag deinem Partnerkind eine Zahl.
Dein Partnerkind stellt diese Zahl mit dem Abdeckwinkel am Hunderterfeld dar.

→ **Trainingsheft 2** S. 19

Selbsteinschätzung
Zahlen bis 100

Datum:

Z E	Ich kann Zahlen bündeln.	
≡	Ich kann Zahlen in Geheimschrift lesen und schreiben.	
○○○○	Ich kenne die Hunderterreihe.	
V N	Ich kenne die Nachbarzahlen.	
NZ NZ	Ich kenne die Nachbarzehner.	
—→	Ich kann Zahlen am Rechenstrich anordnen.	
⊞	Ich kann Zahlen im Hunderterfeld ablesen und markieren.	
⁂	Ich benutze Fachwörter.	

Das muss ich noch üben:

Unterschrift Kind:

Unterschrift Lehrkraft:

Unterschrift Eltern:

Expertenheft 2 S. 8/9

Teste dich!

Z + Z

30 + 40

die Zehnerzahl

30 + 40 = 70

3 **Z**ehner + 4 **Z**ehner = 7 **Z**ehner

1

60 + 30 = ☐   20 + 30 = ☐   50 + 40 = ☐

6Z + 3Z = ☐ Z   2Z + 3Z = ☐ Z   5Z + 4Z = ☐ Z

70 + 10 = ☐   10 + 80 = ☐   40 + 20 = ☐

7Z + 1Z = ☐   1Z + 8Z = ☐   4Z + 2Z = ☐

30 + 50 = ☐   70 + 20 = ☐   60 + 40 = ☐

3Z + 5Z = ☐   7Z + 2Z = ☐   6Z + 4Z = ☐

→ Trainingsheft 2 S. 20

Z + Z   3 0 + 4 0

2

Name	Finn	Mia	Ebru
1. Wurf	10		
2. Wurf			
3. Wurf			
Punkte			

Finn   Mia   Ebru

3 Zerlege in Zehnerzahlen.

50
- 0 + 50
- +
- +
- +
- +
- +

80
- +
- +
- +
- +
- +
- +
- +
- +

100
- +
- +
- +
- +
- +
- +
- +
- +
- +
- +

Wie kannst du alle Zerlegungen der 100 in Zehnerzahlen finden?
Erkläre. _____

4 Kartei Zehnerzahlen zerlegen

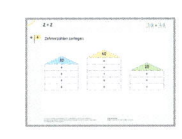

5 Kartei Mit Zehnerzahlen rechnen

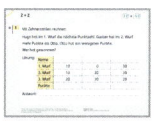

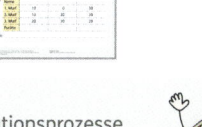

→ Trainingsheft 2 S. 20

MK 3.1 Kommunikations- und Kooperationsprozesse

31

ZE + Z

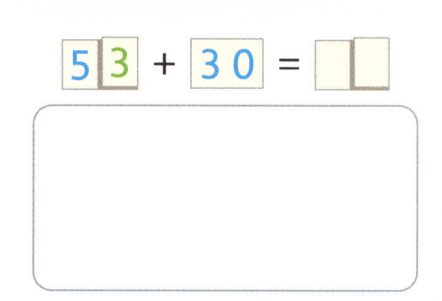

$36 + 10$

$36 + 10 = 46$

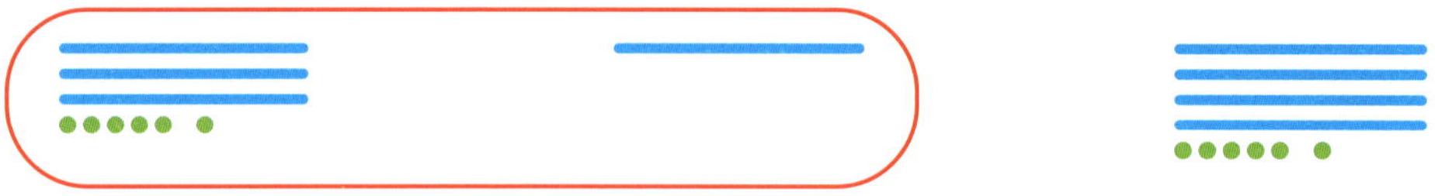

6
- $45 + 10 = \square$
- $33 + 40 = \square$ 
- $53 + 30 = \square$
- $24 + 50 = \square$
- $78 + 20 = \square$
- $88 + 10 = \square$

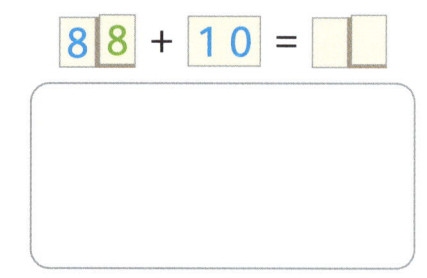

7
- $20 + 36 = \square$ 
- $50 + 28 = \square$
- $10 + 79 = \square$
- $40 + 41 = \square$
- $30 + 54 = \square$
- $20 + 63 = \square$

→ **Trainingsheft 2** S. 21

ZE + Z

3|6 + 1|0

8

36 + 30 = ☐	4 + 20 = ☐
37 + 30 = ☐	5 + 20 = ☐
38 + 30 = ☐	6 + 20 = ☐
39 + ☐ = ☐	☐ + ☐ = ☐
☐ + ☐ = ☐	☐ + ☐ = ☐

9

41 + 10 = ☐	28 + 60 = ☐
42 + 20 = ☐	27 + 50 = ☐
43 + 30 = ☐	26 + 40 = ☐
44 + ☐ = ☐	☐ + ☐ = ☐
☐ + ☐ = ☐	☐ + ☐ = ☐

10 Kartei
ZE + Z rechnen

11 Spiel
In Zehnersprüngen unterwegs

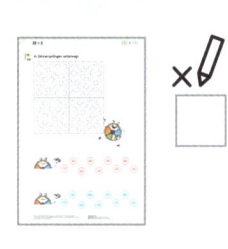

👥 gespielt mit _____

12

53 + 20 = 73	40 + 35 = ☐	28 + 20 = ☐
76 + 10 = ☐	60 + 17 = ☐	80 + 19 = ☐
42 + 50 = ☐	30 + 51 = ☐	13 + 60 = ☐
64 + 30 = ☐	70 + 28 = ☐	30 + 42 = ☐

→ Trainingsheft 2 S. 21   6.2 Algorithmen erkennen

ZE + E

36 + 3

6 + 3 = 9

36 + 3 = 39

13

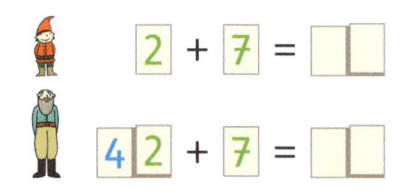

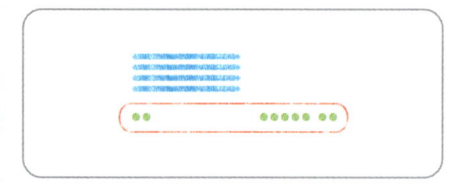

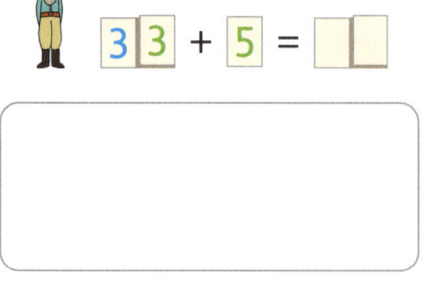

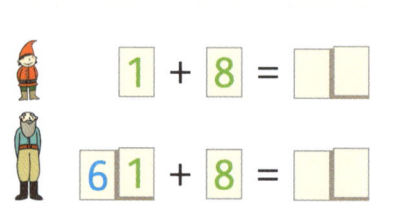

2 + 7 = ☐
42 + 7 = ☐

1 + 8 = ☐
61 + 8 = ☐

5 + 2 = ☐
85 + 2 = ☐

4 + 3 = ☐
74 + 3 = ☐

3 + 5 = ☐
33 + 5 = ☐

2 + 6 = ☐
52 + 6 = ☐

Trainingsheft 2 S. 22   6.2 Algorithmen erkennen

ZE + E

14

56 + 1 = 57
83 + 4 =
35 + 3 =
24 + 5 =

71 + 8 =
43 + 5 =
17 + 2 =
64 + 0 =

15 + 3 =
92 + 4 =
31 + 7 =
22 + 6 =

15 Welche Aufgabe ist einfacher? Kreuze an und erkläre.

☐ 2 + 73 =   ☐ 91 + 3 =   ☐ 32 + 6 =

☐ 73 + 2 =   ☐ 3 + 91 =   ☐ 6 + 32 =

Die Aufgaben sind einfacher, weil

☐ die kleinere Zahl vorn steht.

☐ die größere Zahl vorn steht.

16

65 + 3 = 68
5 + 72 =
4 + 51 =
27 + 2 =

6 + 93 =
4 + 44 =
89 + 0 =
8 + 61 =

12 + 7 =
1 + 55 =
36 + 3 =
0 + 29 =

17 Kartei
ZE + E rechnen

18 Spiel und Karten
Im Zwerg- und Riesenwald

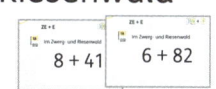

8 + 41   6 + 82

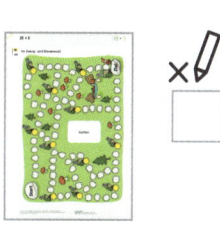

gespielt mit _____

→ Trainingsheft 2 S. 22   3.1 Kommunikations- und Kooperationsprozesse

ZE + E

das Rechendreieck

- die Außenzahl (50, 42)
- die Innenzahl (10, 2)
- 40 oben, 12 unten

19

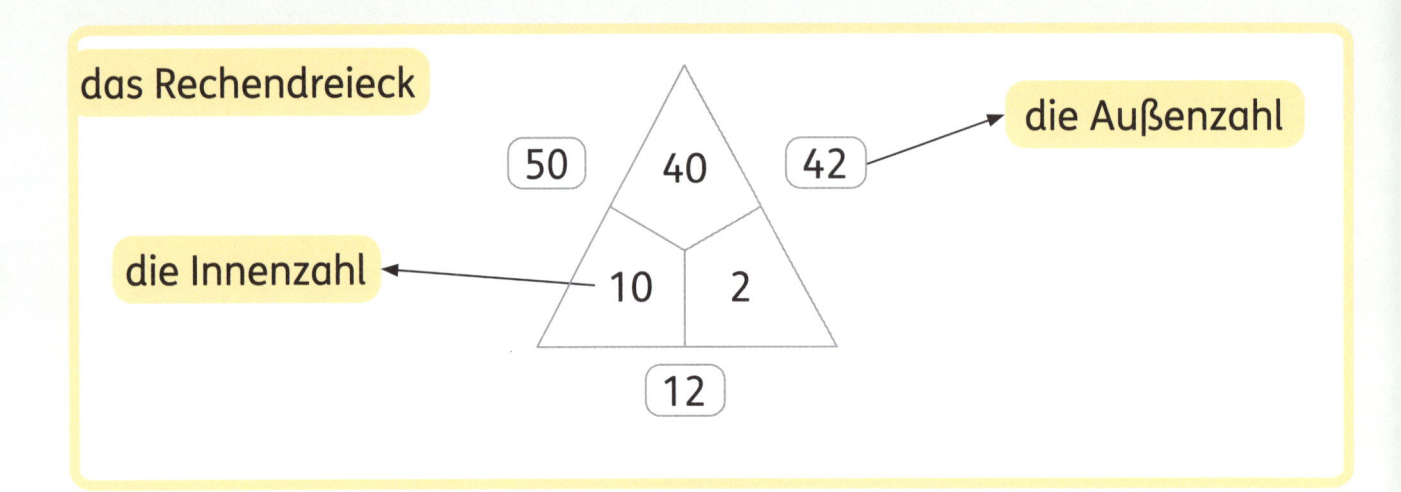

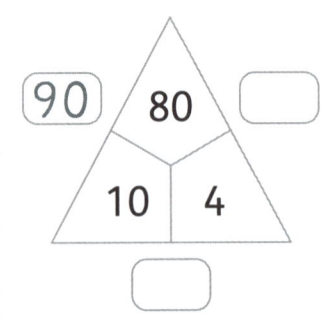

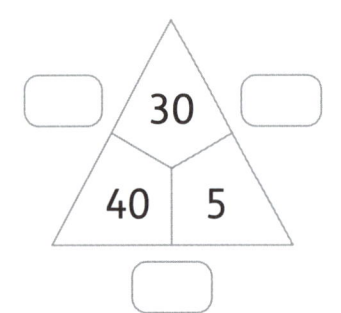

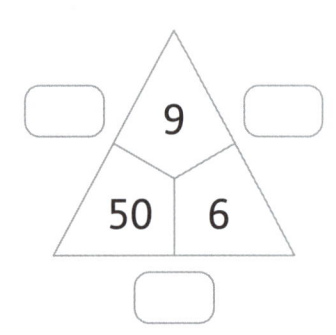

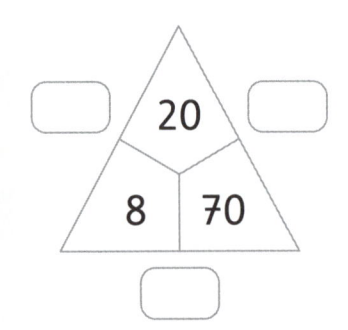

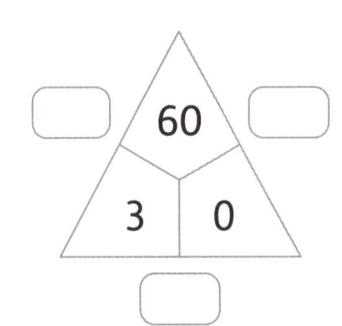

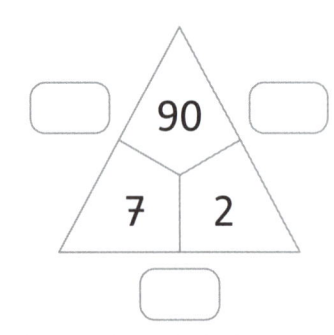

Dreieck 1: 90 / 80 / ☐ — 10, 4 — ☐
Dreieck 2: ☐ / 30 / ☐ — 40, 5 — ☐
Dreieck 3: ☐ / 9 / ☐ — 50, 6 — ☐

Dreieck 4: ☐ / 20 / ☐ — 8, 70 — ☐
Dreieck 5: ☐ / 60 / ☐ — 3, 0 — ☐
Dreieck 6: ☐ / 90 / ☐ — 7, 2 — ☐

20 Wie rechnest du Rechendreiecke? Verwende diese Wörter:

Innenzahlen · Außenzahl · Plusaufgabe · Ergebnis

Ich bilde eine _____ aus 2 _____,
die nebeneinander liegen.
Die _____ ist das _____.

36 → Trainingsheft 2 S. 23
→ Expertenheft 2 S. 10

MK 3.1 Kommunikations- und Kooperationsprozesse

ZE + E

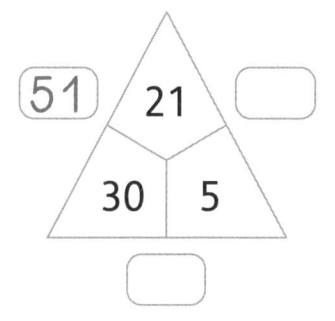

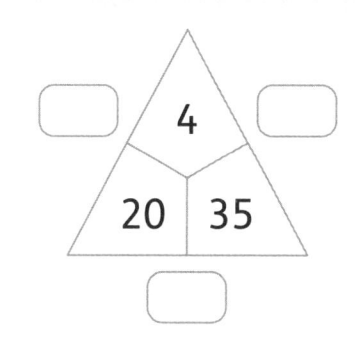

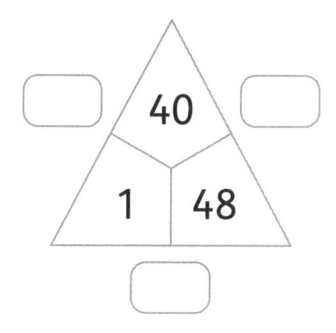

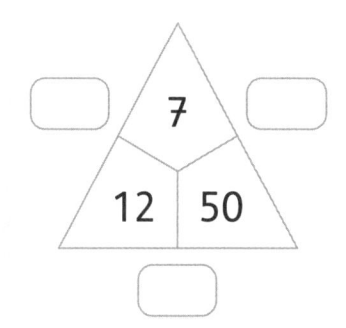

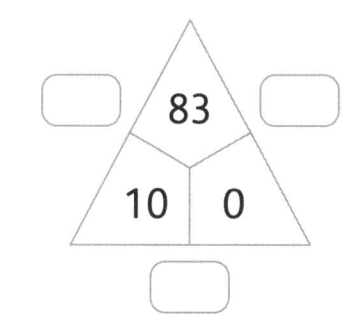

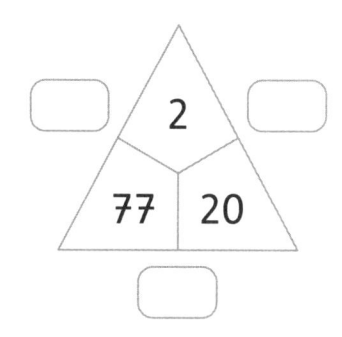

21

Triangle 1: top 21, left 30, right 5, left-outer [51], right-outer [ ], bottom [ ]

Triangle 2: top 4, left 20, right 35, outers [ ] [ ], bottom [ ]

Triangle 3: top 40, left 1, right 48, outers [ ] [ ], bottom [ ]

Triangle 4: top 7, left 12, right 50, outers [ ] [ ], bottom [ ]

Triangle 5: top 83, left 10, right 0, outers [ ] [ ], bottom [ ]

Triangle 6: top 2, left 77, right 20, outers [ ] [ ], bottom [ ]

22 Vergleiche die Rechendreiecke. Erforsche die Außenzahlen. Was fällt dir auf?

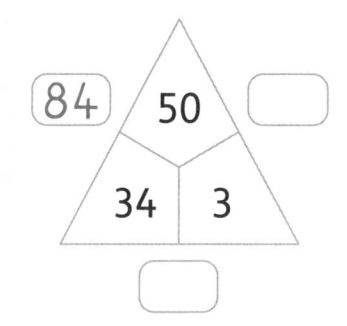

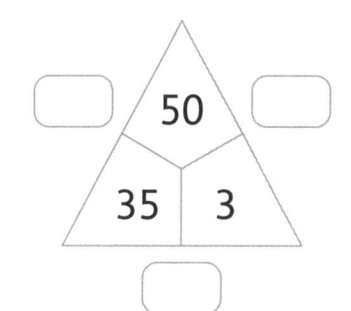

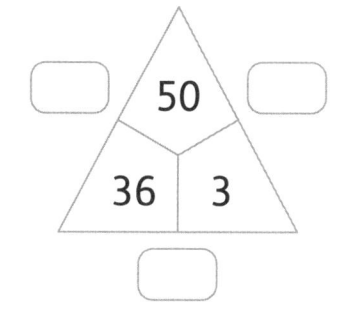

Triangle 1: top 50, left 34, right 3, left-outer [84], right-outer [ ], bottom [ ]

Triangle 2: top 50, left 35, right 3, outers [ ] [ ], bottom [ ]

Triangle 3: top 50, left 36, right 3, outers [ ] [ ], bottom [ ]

_____

_____

23 Denke dir eigene Rechendreiecke aus.

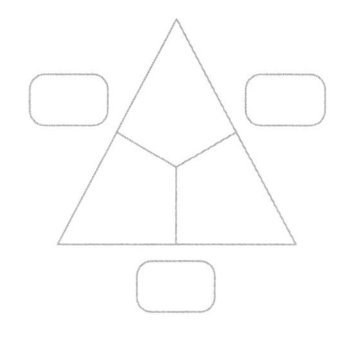

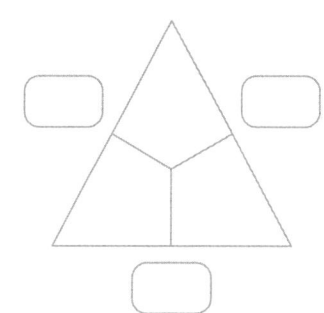

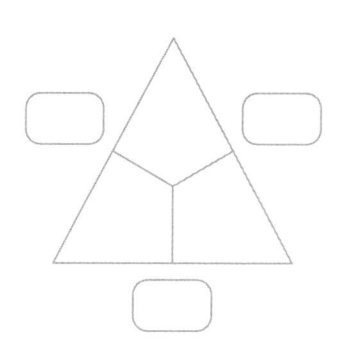

(drei leere Rechendreiecke)

Trainingsheft 2 S. 23   4.1 Medienproduktion und Präsentation

ZE + E

3 6 + 4

zum Zehner ergänzen

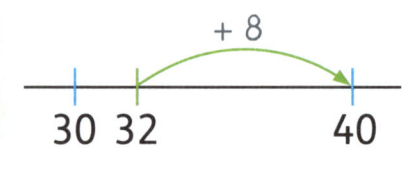

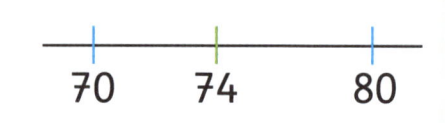

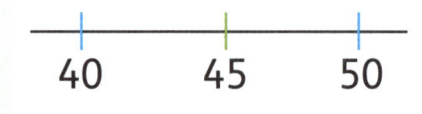

3 6 + 4 = 4 0

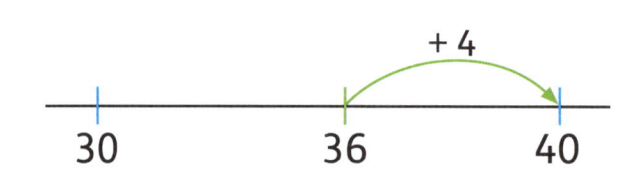

+4 (from 36 to 40, number line: 30, 36, 40)

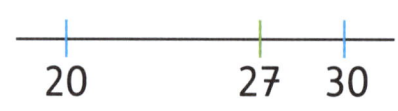

○ **24**

3 2 + 8 = 4 0
(+8, number line: 30 32 ... 40)

5 9 + ☐ = 6 0
(number line: 50 ... 59 60)

7 4 + ☐ = 8 0
(number line: 70 ... 74 ... 80)

4 5 + ☐ = 5 0
(number line: 40 45 50)

2 7 + ☐ = 3 0
(number line: 20 ... 27 30)

8 1 + ☐ = 9 0
(number line: 80 81 ... 90)

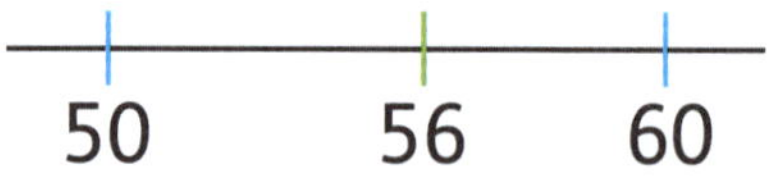

6 8 + ☐ = 7 0
(number line: 60 ... 68 70)

9 3 + ☐ = 1 0 0
(number line: 90 93 ... 100)

5 6 + ☐ = 6 0
(number line: 50 ... 56 60)

● **25**

35 + 5 = 40
79 + ☐ = ☐
82 + ☐ = ☐
47 + ☐ = ☐

38 + ☐ = ☐
56 + ☐ = ☐
61 + ☐ = ☐
84 + ☐ = ☐

54 + ☐ = ☐
42 + ☐ = ☐
99 + ☐ = ☐
23 + ☐ = ☐

→ Trainingsheft 2 S. 24

ZE + E

zuerst zum Zehner

$36 + 7$

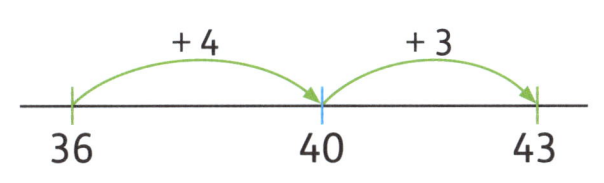

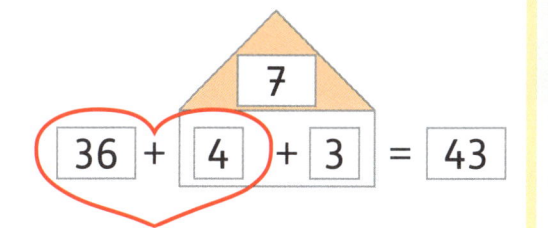

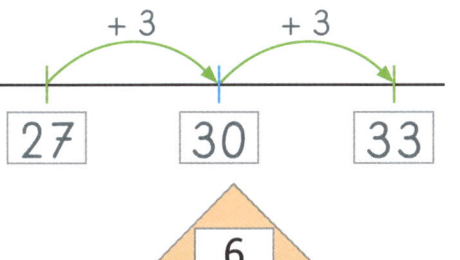

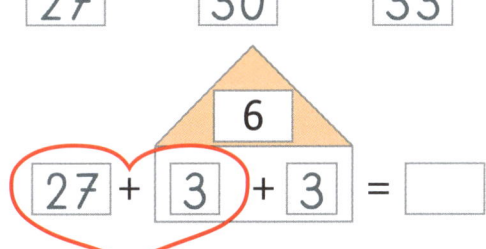

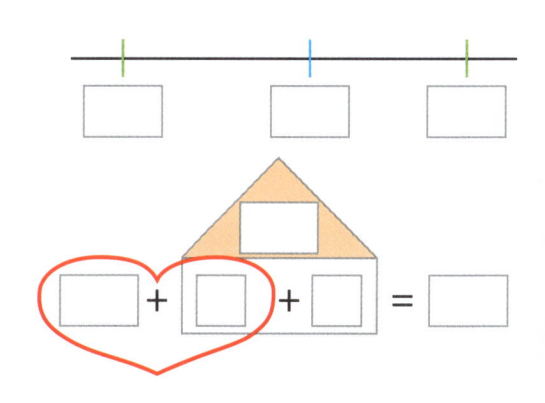

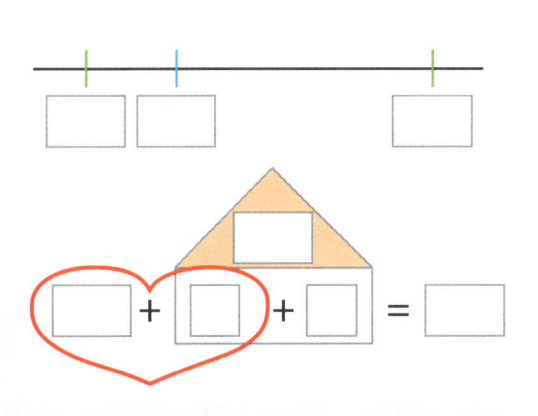

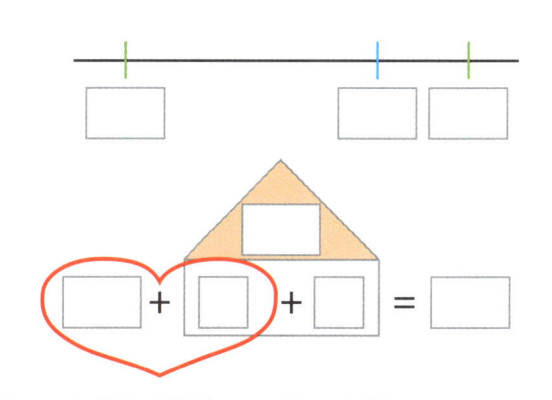

$3|6 + 4 + 3 = 4|3$

36 —+4→ 40 —+3→ 43

$36 + 4 + 3 = 43$ (7)

26

$27 + 6$

27 —+3→ 30 —+3→ 33

$27 + 3 + 3 = \square$ (6)

$65 + 9$

$\square + \square + \square = \square$

$59 + 5$

$\square + \square + \square = \square$

$73 + 8$

$\square + \square + \square = \square$

→ Trainingsheft 2 S. 25

39

ZE + E

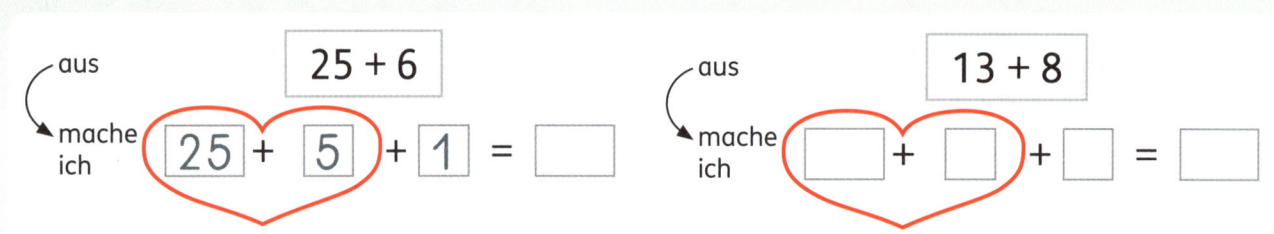

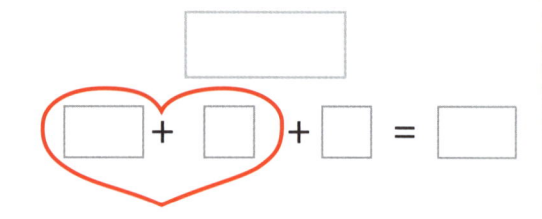

27

aus 25 + 6 mache ich ⟨25 + 5⟩ + 1 = ☐

aus 13 + 8 mache ich ⟨☐ + ☐⟩ + ☐ = ☐

88 + 4
⟨☐ + ☐⟩ + ☐ = ☐

56 + 7
⟨☐ + ☐⟩ + ☐ = ☐

37 + 6
⟨☐ + ☐⟩ + ☐ = ☐

66 + 5
⟨☐ + ☐⟩ + ☐ = ☐

45 + 7
⟨☐ + ☐⟩ + ☐ = ☐

72 + 9
⟨☐ + ☐⟩ + ☐ = ☐

28 + 8
⟨☐ + ☐⟩ + ☐ = ☐

39 + 5
⟨☐ + ☐⟩ + ☐ = ☐

28

☐
⟨☐ + ☐⟩ + ☐ = ☐

☐
⟨☐ + ☐⟩ + ☐ = ☐

ZE + E

der 9er-Trick

Ich rechne 36 plus 10 und dann minus 1. Das Ergebnis ist 45.

36 + 9

+10 −1
36   45 46

29

32 + 9 = ☐

+10 −1
32 ☐ 42

54 + 9 = ☐

89 + 9 = ☐

28 + 9 = ☐

63 + 9 = ☐

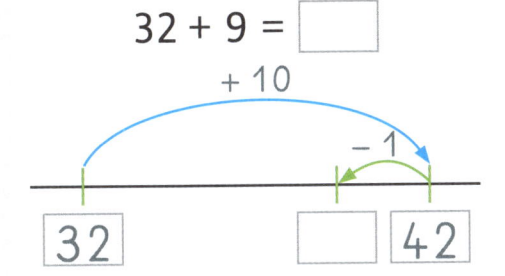

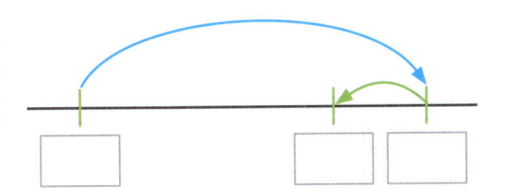

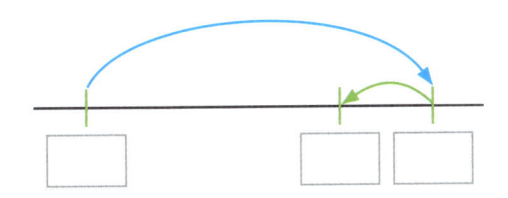

47 + 9 = ☐

30 Kartei 9er-Trick

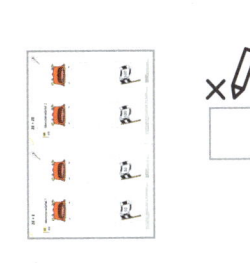

31 Spiel Monsterwürfel 1

gespielt mit _____

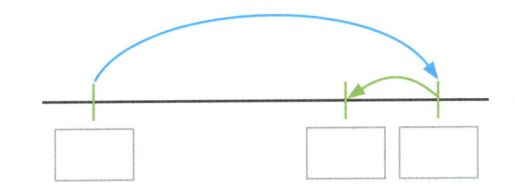

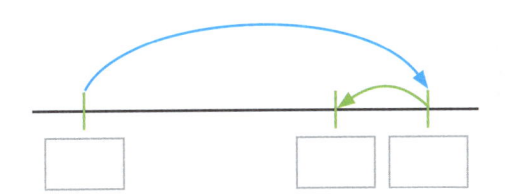

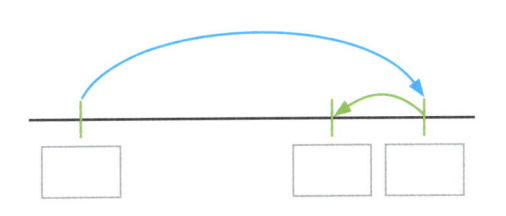

→ Trainingsheft 2 S. 27

41

ZE + E

das Springpäckchen

Das Ergebnis zeigt mir, zu welcher Aufgabe ich springe.

28 + 9 = 37
54 + 7 = ☐
45 + 9 = ☐
37 + 8 = ☐
61 + 4 = ☐
Zielzahl: 65

Die Zielzahl kreise ich ein. Welche Farbe hat sie?

32 Kreise die Springzahl ein. Welche Farbe hat die Zielzahl?

24 + 8 = 32
54 + 9 = ☐
41 + 7 = ☐
48 + 6 = ☐
32 + 9 = ☐
Zielzahl: 63

59 + 3 = ☐
62 + 7 = ☐
69 + 9 = ☐
87 + 5 = ☐
78 + 9 = ☐
Zielzahl: 92

26 + 6 = ☐
49 + 2 = ☐
41 + 8 = ☐
32 + 9 = ☐
51 + 5 = ☐
Zielzahl: 56

42 + 4 = ☐
66 + 9 = ☐
51 + 8 = ☐
59 + 7 = ☐
46 + 5 = ☐
Zielzahl: 75

35 + 3 = ☐
42 + 8 = ☐
38 + 4 = ☐
56 + 5 = ☐
50 + 6 = ☐
Zielzahl: 61

68 + 4 = ☐
78 + 5 = ☐
91 + 4 = ☐
72 + 6 = ☐
83 + 8 = ☐
Zielzahl: 95

33 Kartei
Springpäckchen

34 Spiel
Hüpf über den Fluss

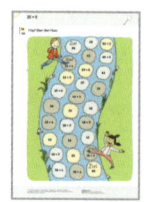

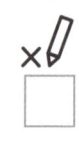

gespielt mit _____

ZE + E

35 Rechne geschickt.

43 —+2—+7 = 52   73 —+7—+4 = ☐

35 —+5—+3 = ☐   42 —+6—+8 = ☐

64 —+6—+8 = ☐   45 —+6—+4 = ☐

51 —+8—+2 = ☐   65 —+2—+8 = ☐

36 Rechne geschickt.

34 —+3—+7—+5—+5—+9—+1—+4—+6 = ☐

26 —+8—+2—+7—+3—+4—+6—+0—+10 = ☐

43 —+3—+6—+1—+5—+5—+9—+4—+7 = ☐

51 —+5—+4—+8—+7—+6—+3—+2—+5 = ☐

37 Mimi, Theo und Mio sammeln im Wald Kastanien. Mimi hat 7, Theo hat 3 und Mio hat 34 Kastanien in einen Korb gelegt.

Frage: Wie viele Kastanien sind im Korb?

Lösung:

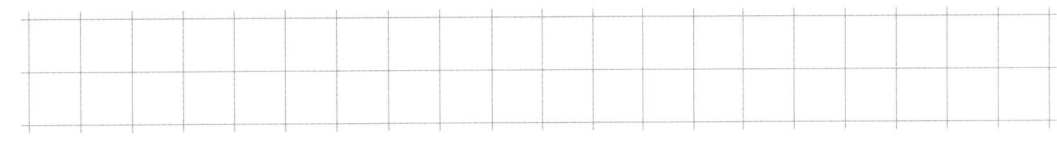

Antwort: _____

ZE + E

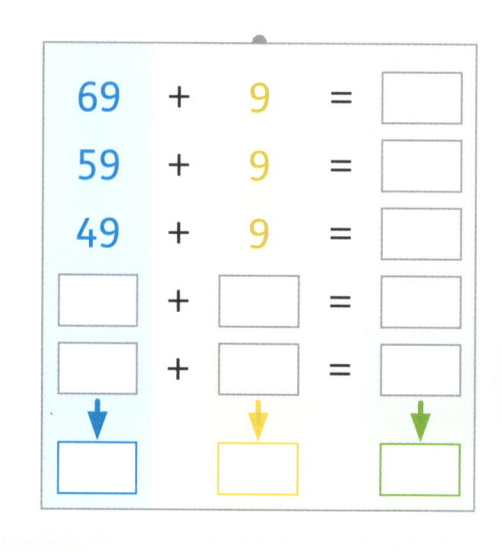

38

49	+	1	=	
47	+	3	=	
45	+	5	=	
43	+		=	
	+		=	

92	+	7	=	
93	+	6	=	
94	+	5	=	
	+		=	
	+		=	

Zwerg und Riese | Tauschaufgabe | Zuerst zum Zehner | 9er-Trick

3	+	47	=	
4	+	49	=	
5	+	51	=	
	+		=	
	+		=	

69	+	9	=	
59	+	9	=	
49	+	9	=	
	+		=	
	+		=	

44 □ → **Trainingsheft 2** S. 29
□ → **Expertenheft 2** S. 11

MK 6.2 Algorithmen erkennen

ZE + E

39

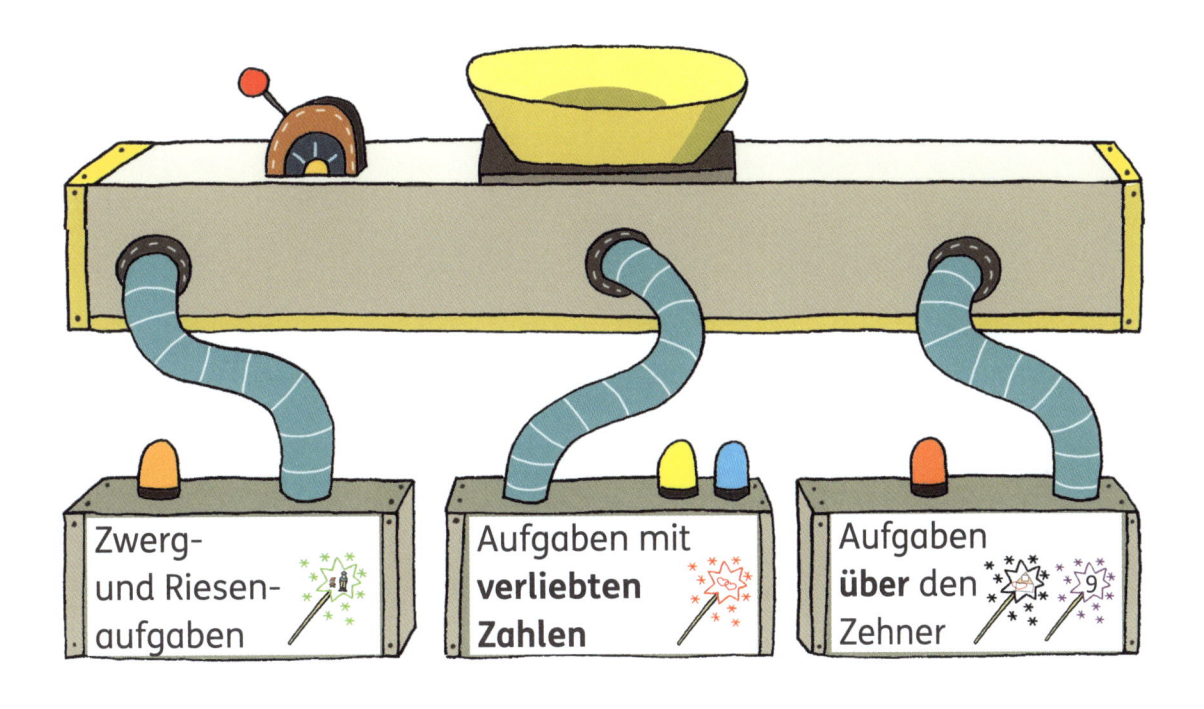

34 + 3	85 + 9	71 + 8
28 + 6	97 + 3	66 + 7
47 + 8	53 + 4	33 + 9
46 + 4	25 + 5	52 + 8
26 + 2	81 + 9	62 + 7

Zwerg- und Riesenaufgaben

Aufgaben mit **verliebten** Zahlen

Aufgaben **über** den Zehner

34 + 3 =

→ **Trainingsheft 2** S. 30
→ **Expertenheft 2** S. 12

3.2 Kommunikations- und Kooperationsregeln

45

ZE + ZE

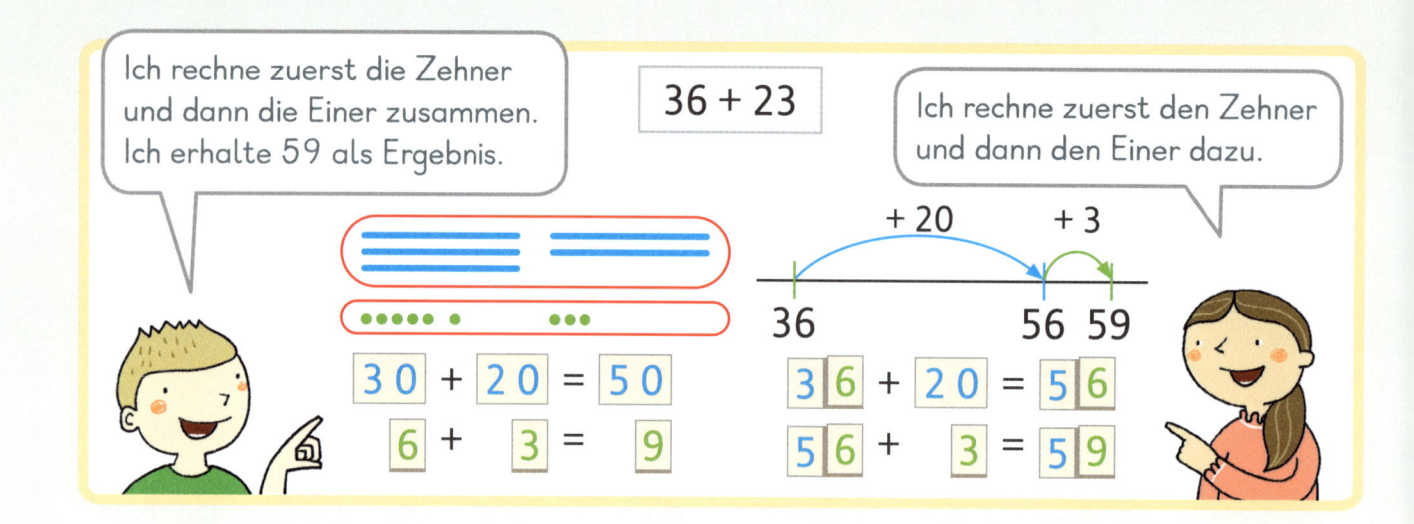

36 + 23

Ich rechne zuerst die Zehner und dann die Einer zusammen. Ich erhalte 59 als Ergebnis.

36 + 23

Ich rechne zuerst den Zehner und dann den Einer dazu.

30 + 20 = 50
6 + 3 = 9

36 + 20 = 56
56 + 3 = 59

40 Wie rechnest du? Probiere beide Rechenwege aus.

35 + 42

51 + 34

62 + 25

26 + 53

4.1 Medienproduktion und Präsentation

ZE + ZE

3|6 + 2|3

der Hefteintrag

3	6	+	2	3	=	5	9
3	0	+	2	0	=	5	0
	6	+		3	=		9
5	0	+		9	=	5	9

Schreibe die Aufgabe auf und unterstreiche sie mit dem Lineal. Schreibe Zehner unter Zehner und Einer unter Einer.

3	6	+	2	3	=	5	9
3	6	+	2	0	=	5	6
5	6	+		3	=	5	9

41 Rechne mit deinem Rechenweg.

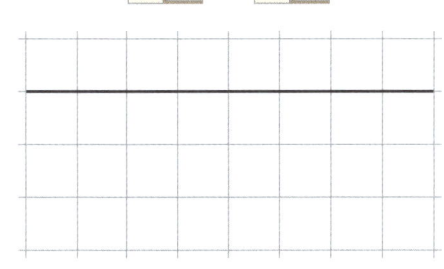

5|2 + 2|4

5 2 + 2 4 =

2|7 + 7|1

6|1 + 3|6

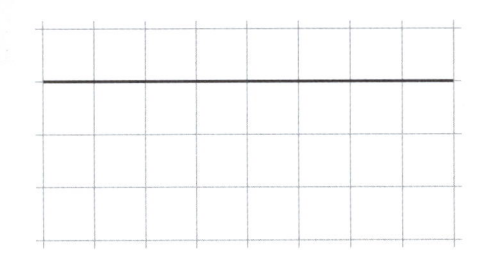

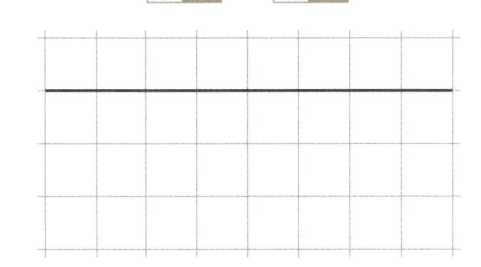

3|4 + 4|4

42 Heft

4 2
8 3 + 1 6 =

83 + 16   54 + 15   71 + 18
35 + 64   46 + 43   68 + 21
57 + 32   22 + 67   13 + 64
27 + 52   36 + 61   45 + 44
62 + 34   73 + 26   82 + 17

Trainingsheft 2 S. 31

47

ZE + ZE

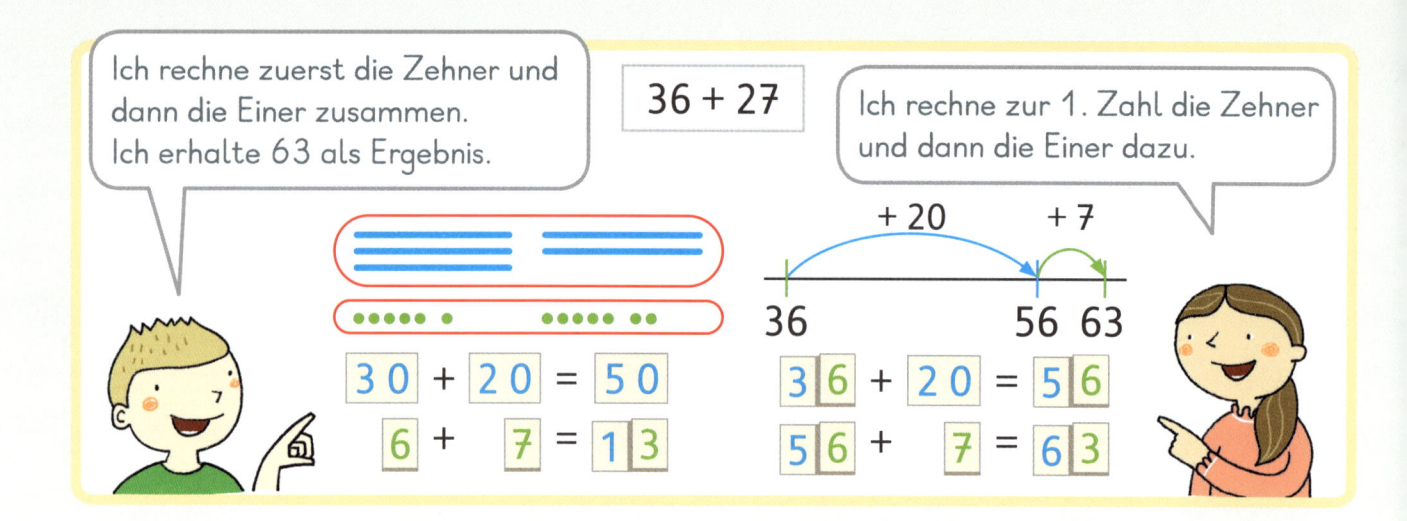

3|6 + 2|7

Ich rechne zuerst die Zehner und dann die Einer zusammen. Ich erhalte 63 als Ergebnis.

36 + 27

Ich rechne zur 1. Zahl die Zehner und dann die Einer dazu.

3|0 + 2|0 = 5|0
6 + 7 = 1|3

+ 20   + 7
36   56 63

3|6 + 2|0 = 5|6
5|6 + 7 = 6|3

43 Wie rechnest du? Probiere beide Rechenwege aus.

46 + 37

57 + 43

79 + 13

35 + 28

4.1 Medienproduktion und Präsentation

ZE + ZE

36 + 27

44 Rechne mit deinem Rechenweg.

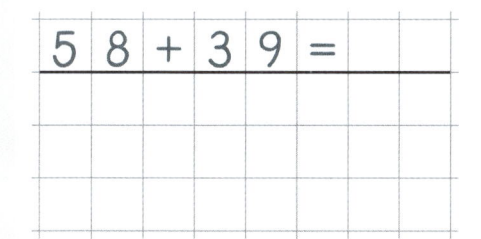

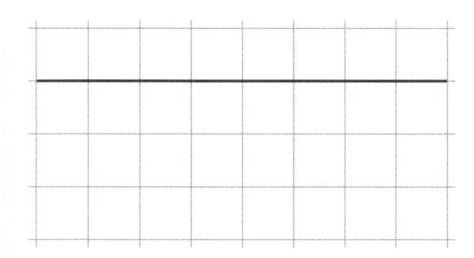

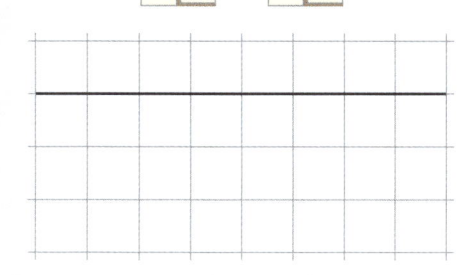

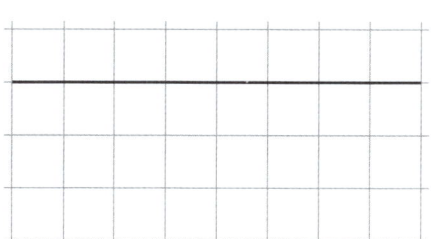

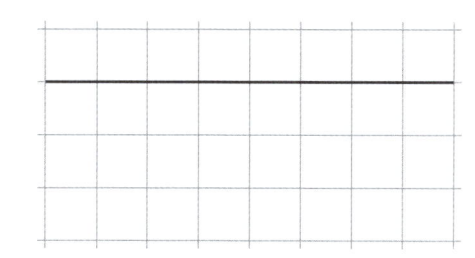

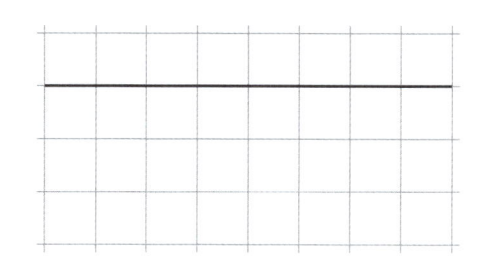

58 + 39

5 8 + 3 9 =

46 + 25

33 + 49

64 + 17

26 + 55

48 + 47

37 + 29

19 + 62

45 Heft

4 5
2 9 + 2 5 =

29 + 25
68 + 14
55 + 28
27 + 37

46 Kartei
ZE + ZE rechnen

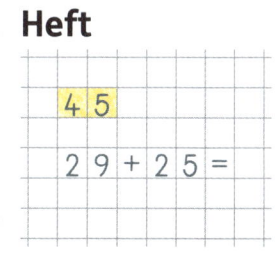

☐ 📕→ **Trainingsheft 2** S. 32
☐ 📕→ **Expertenheft 2** S. 13/14

49

ZE + ZE

der 9er-Trick

Ich rechne 36 plus 20 und dann minus 1. Das Ergebnis ist 55.

36 + 19

○ | 47

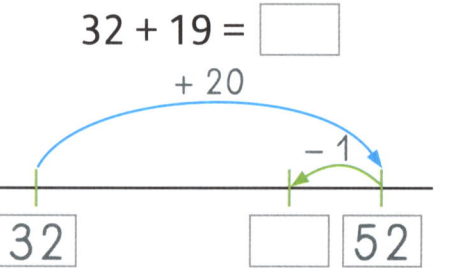

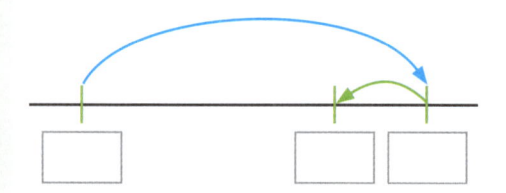

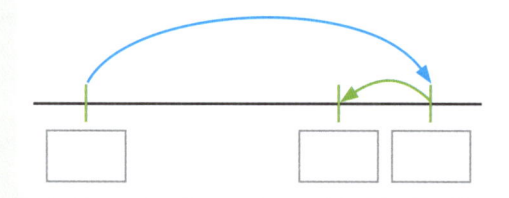

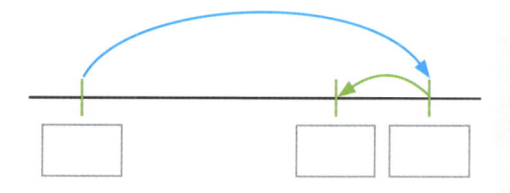

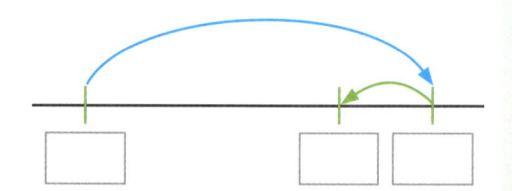

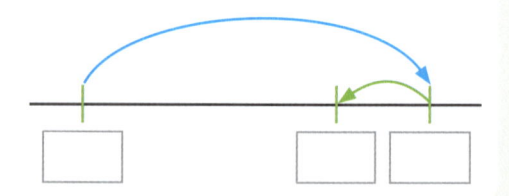

32 + 19 =
32 ... 52

47 + 39 =

63 + 29 =

54 + 29 =

28 + 49 =

51 + 39 =

48 Kartei 9er-Trick

49 Spiel Monsterwürfel 2

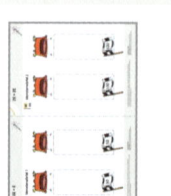

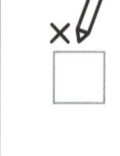

gespielt mit _____

50 → Trainingsheft 2 S. 33

ZE + ZE

50

25	+	29	=	☐
26	+	29	=	☐
27	+	29	=	☐
28	+	☐	=	☐
☐	+	☐	=	☐

27	+	9	=	☐
27	+	19	=	☐
27	+	29	=	☐
☐	+	☐	=	☐
☐	+	☐	=	☐

51

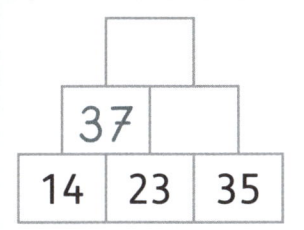

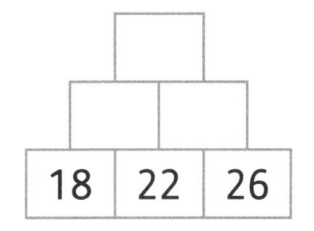

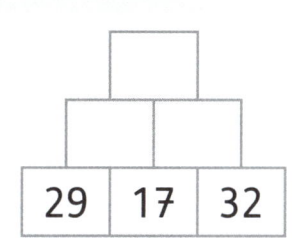

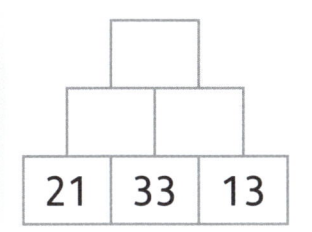

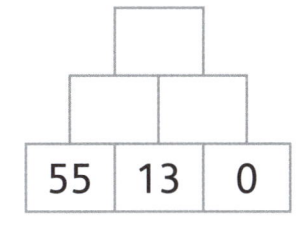

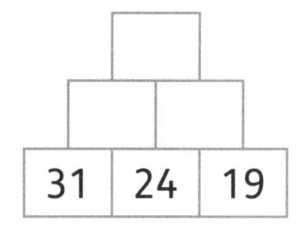

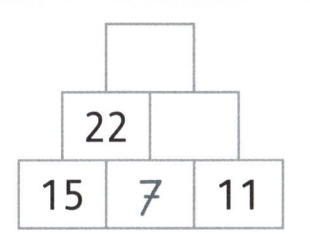

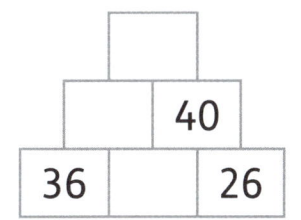

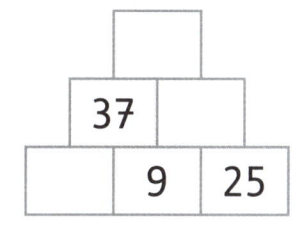

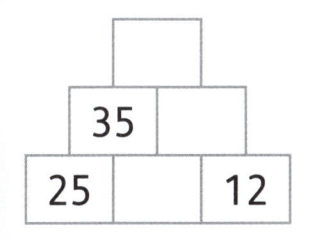

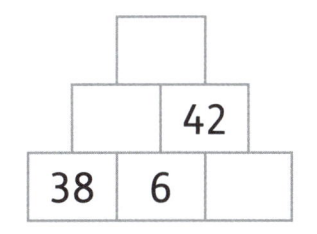

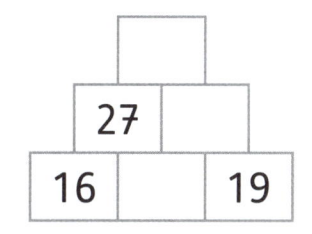

Pyramid 1: top ☐, middle 37 ☐, bottom 14, 23, 35
Pyramid 2: top ☐, middle ☐ ☐, bottom 18, 22, 26
Pyramid 3: top ☐, middle ☐ ☐, bottom 29, 17, 32

Pyramid 4: top ☐, middle ☐ ☐, bottom 21, 33, 13
Pyramid 5: top ☐, middle ☐ ☐, bottom 55, 13, 0
Pyramid 6: top ☐, middle ☐ ☐, bottom 31, 24, 19

52

Pyramid 1: top ☐, middle 22, ☐, bottom 15, 7, 11
Pyramid 2: top ☐, middle ☐, 40, bottom 36, ☐, 26
Pyramid 3: top ☐, middle 37, ☐, bottom ☐, 9, 25

Pyramid 4: top ☐, middle 35, ☐, bottom 25, ☐, 12
Pyramid 5: top ☐, middle ☐, 42, bottom 38, 6, ☐
Pyramid 6: top ☐, middle 27, ☐, bottom 16, ☐, 19

☐ → **Trainingsheft 2** S. 33/34
☐ → **Expertenheft 2** S. 15

6.2 Algorithmen erkennen

ZE + ZE

53

Triangle 1: top 68, 30, __; bottom 38, 39; below __
Triangle 2: top __, 56, __; bottom 17, 6; below __
Triangle 3: top __, 11, __; bottom 64, 28; below __

Triangle 4: top __, 27, __; bottom 19, 35; below __
Triangle 5: top __, 51, __; bottom 48, 13; below __
Triangle 6: top __, 17, __; bottom 60, 37; below __

Triangle 7: top __, 23, __; bottom 34, 16; below __
Triangle 8: top __, 31, __; bottom 50, 13; below __
Triangle 9: top __, 47, __; bottom 18, 41; below __

54

Zahl	11	12	13	14	15	25	35	45	50
das Doppelte	22								

55 Heft
Schreibe 10 Verdopplungsaufgaben.

55
20 + 20 =

56 Spiel
Das größte Ergebnis gewinnt

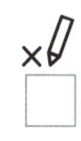

gespielt mit _____

→ Trainingsheft 2 S. 35
→ Expertenheft 2 S. 16

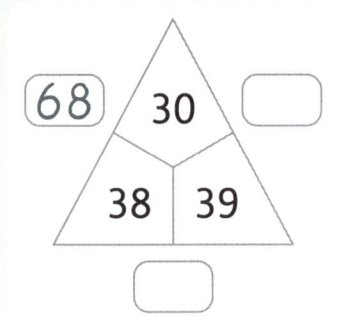

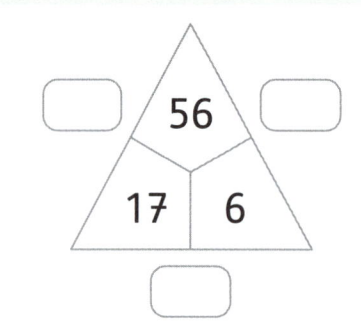

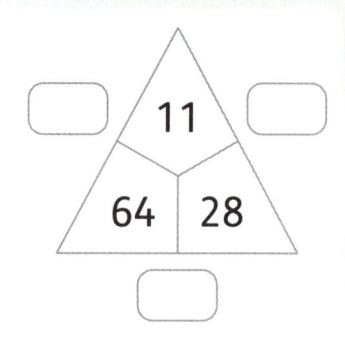

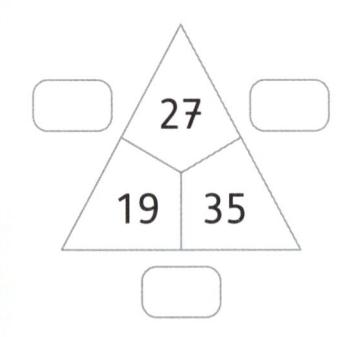

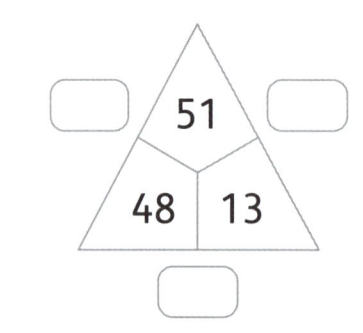

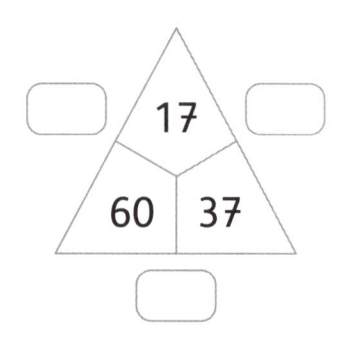

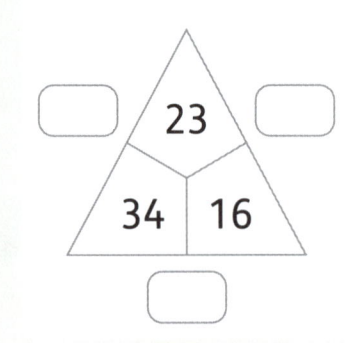

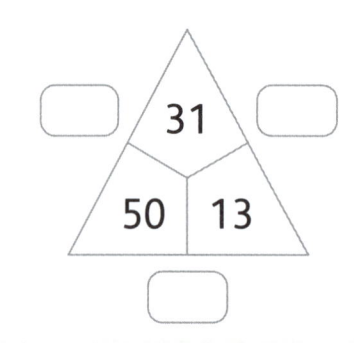

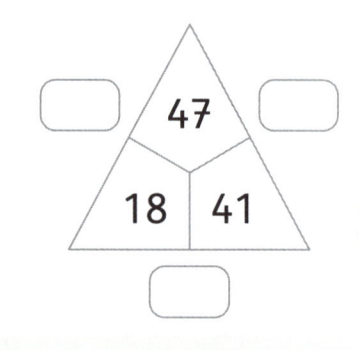

ZE + ZE

57 Welche Stelle ändert sich? Nur der Einer? Nur der Zehner? Einer und Zehner? Überlege zuerst, rechne dann.

Z E
☐	☒	32 + 7 = 39
☐	☐	32 + 50 = ☐
☐	☐	32 + 57 = ☐

Z E
☐	☐	46 + 20 = ☐
☐	☐	46 + 8 = ☐
☐	☐	46 + 28 = ☐

Z E
☐	☐	19 + 66 = ☐
☐	☐	53 + 4 = ☐
☐	☐	61 + 30 = ☐

Z E
☐	☐	82 + 7 = ☐
☐	☐	45 + 37 = ☐
☐	☐	17 + 74 = ☐

58

Ich verdopple die 25. Meine Zahl heißt ____.

Ich denke mir die 24. Ich rechne 28 dazu. Meine Zahl heißt ____.

Zu der Zahl 56 rechne ich die Zahl 15. Meine Zahl heißt ____.

Ich denke mir die 39 und rechne 44 dazu. Meine Zahl heißt ____.

→ **Trainingsheft 2** S. 36
→ **Expertenheft 2** S. 17

3.1 Kommunikations- und Kooperationsprozesse

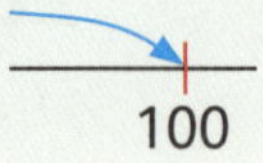

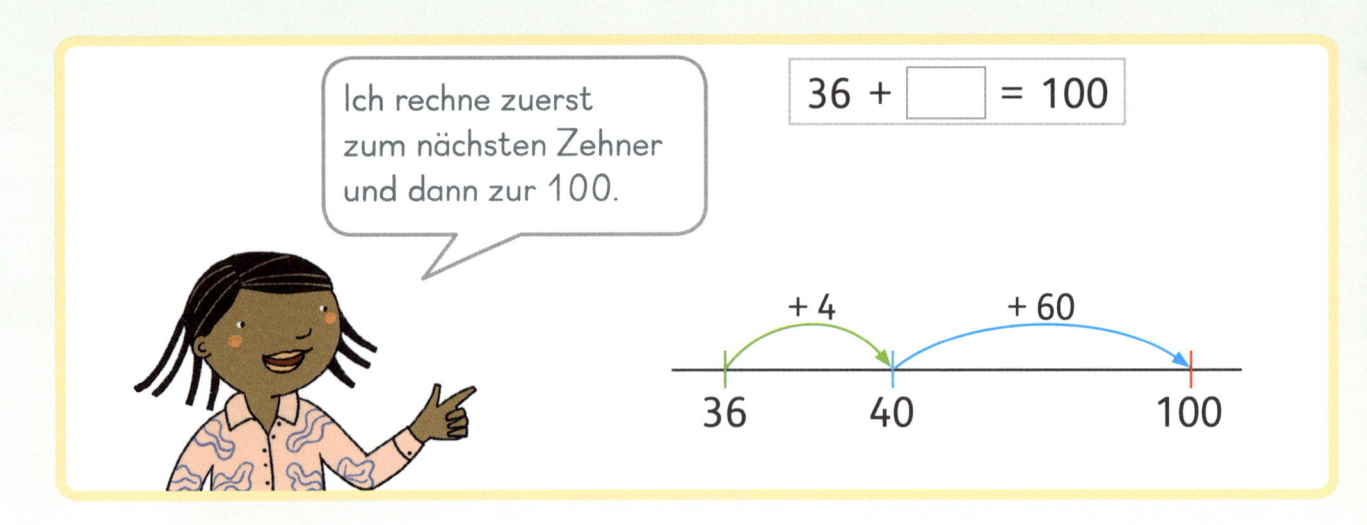

ZE + ZE

Ich rechne zuerst zum nächsten Zehner und dann zur 100.

36 + ☐ = 100

+4, +60
36 — 40 — 100

59

62 + 38 = 100
+8, +30
62 — 70 — 100

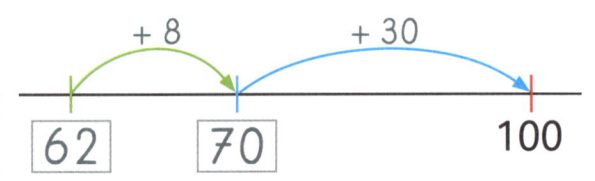

85 + ☐ = 100

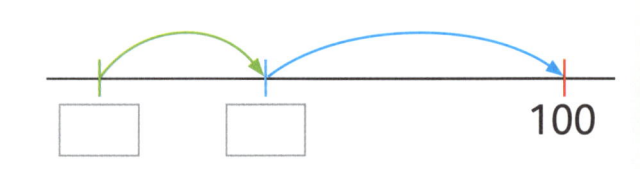

77 + ☐ = 100

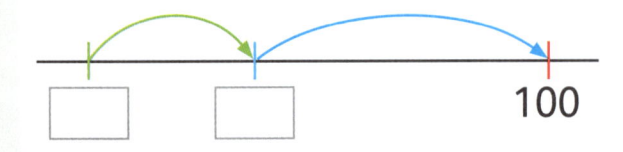

58 + ☐ = 100

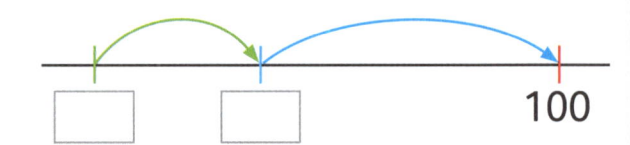

41 + ☐ = 100

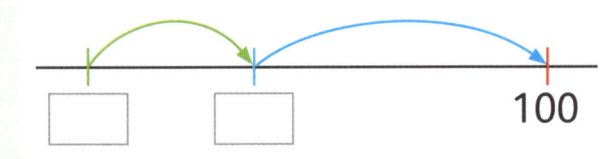

23 + ☐ = 100

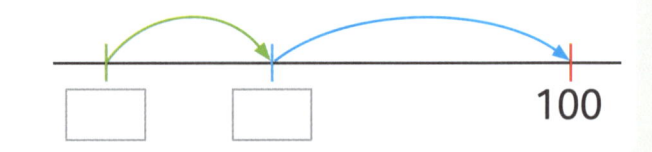

60 Kartei Ergänzen

61 Heft Schreibe 10 Aufgaben, bei denen du zur 100 ergänzt.

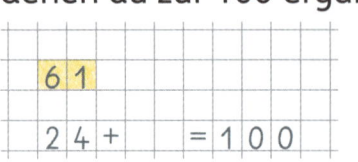

24 + ☐ = 100

→ Trainingsheft 2 S. 37

Selbsteinschätzung
Plusaufgaben bis 100

Datum:

30 + 40	Ich kann Zehner plus Zehner rechnen.	☐☐☐	☐☐☐
36 + 10	Ich kann zu einer Zahl eine Zehnerzahl dazurechnen.	☐☐☐	☐☐☐
36 + 3	Ich kann Aufgaben rechnen, die im gleichen Zehner bleiben.	☐☐☐	☐☐☐
△	Ich kann Rechendreiecke lösen.	☐☐☐	☐☐☐
36 + 4	Ich kann zum nächsten Zehner ergänzen.	☐☐☐	☐☐☐
✨	Ich kann Aufgaben rechnen, die über den nächsten Zehner gehen.	☐☐☐	☐☐☐
✨9	Ich kenne den 9er-Trick.	☐☐☐	☐☐☐
36 + 27	Ich kann 2 zweistellige Zahlen zusammenrechnen.	☐☐☐	☐☐☐
✨	Ich kenne und benutze Rechentricks.	☐☐☐	☐☐☐
→100	Ich kann bis 100 ergänzen.	☐☐☐	☐☐☐
⚬⚬⚬	Ich kann erklären, wie ich rechne.	☐☐☐	☐☐☐
⚬⚬⚬	Ich verstehe, wie andere Kinder rechnen.	☐☐☐	☐☐☐

Das muss ich noch üben:

Unterschrift Kind:

Unterschrift Lehrkraft:

Unterschrift Eltern:

→ **Expertenheft 2** S. 18/19

55

Z – Z $\boxed{70} - \boxed{40}$

die Zehnerzahl

$\boxed{70} - \boxed{40} = \boxed{30}$

7 **Z**ehner   –   4 **Z**ehner   =   3 **Z**ehner

1

$\boxed{60} - \boxed{30} = \boxed{}$ $\boxed{50} - \boxed{10} = \boxed{}$ $\boxed{70} - \boxed{50} = \boxed{}$

6Z – 3Z = $\boxed{Z}$ 5Z – 1Z = $\boxed{Z}$ 7Z – 5Z = $\boxed{Z}$

$\boxed{40} - \boxed{40} = \boxed{}$ $\boxed{80} - \boxed{60} = \boxed{}$ $\boxed{30} - \boxed{10} = \boxed{}$

4Z – 4Z = ☐   8Z – 6Z = ☐   3Z – 1Z = ☐

$\boxed{40} - \boxed{20} = \boxed{}$ $\boxed{90} - \boxed{70} = \boxed{}$ $\boxed{100} - \boxed{80} = \boxed{}$

4Z – 2Z = ☐   9Z – 7Z = ☐   10Z – 8Z = ☐

→ Trainingsheft 2 S. 38

Z – Z   70 – 40

2 Mimi und Salvatore sammeln Fußballkarten.
Damit das Album voll wird, brauchen sie 100 Karten.
Wie viele Karten fehlen ihnen noch?

Mimi

eingeklebte Karten	fehlende Karten
30	70
50	
70	
90	
60	

Salvatore

eingeklebte Karten	fehlende Karten
20	
40	
80	
10	
100	

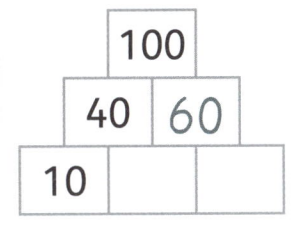

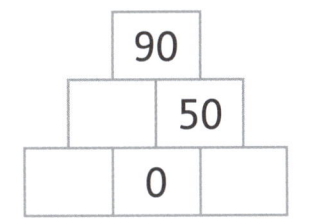

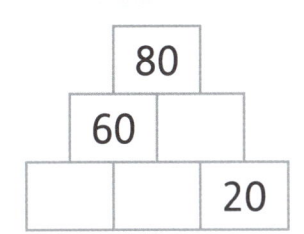

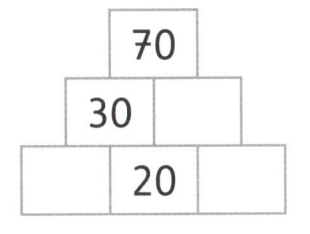

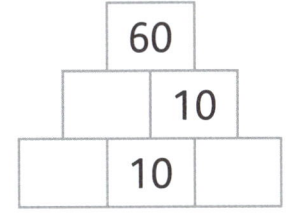

3

Pyramide 1: oben 100; Mitte 40, 60; unten 10, _, _

Pyramide 2: oben 90; Mitte _, 50; unten _, 0, _

Pyramide 3: oben 80; Mitte 60, _; unten _, _, 20

Pyramide 4: oben 70; Mitte 30, _; unten 20, _, _

Pyramide 5: oben 60; Mitte _, 10; unten _, 10, _

Pyramide 6: oben 50; Mitte 30, _; unten _, _, 10

4 Kartei
Zahlenmauern

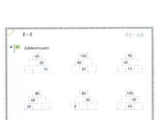

5 Kartei
Mit Zehnerzahlen rechnen

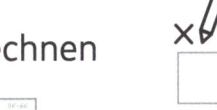

→ Trainingsheft 2 S. 38

57

ZE – Z   75 – 10

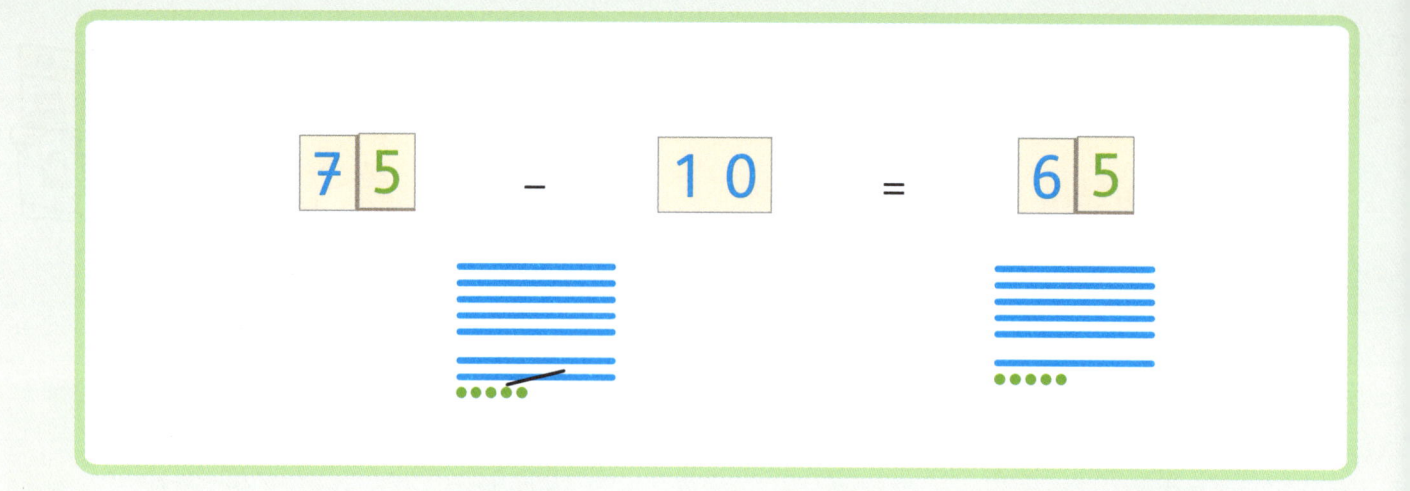

75 – 10 = 65

45 – 10 = ☐   34 – 20 = ☐   58 – 30 = ☐

63 – 50 = ☐   41 – 30 = ☐   99 – 10 = ☐

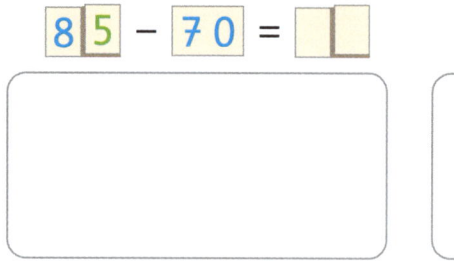

85 – 70 = ☐   72 – 40 = ☐   96 – 80 = ☐

67 – 40 = ☐   82 – 60 = ☐   54 – 20 = ☐

→ Trainingsheft 2 S. 39

ZE – Z

7̄5̄ – 1̄0̄

7

95 – 50 = ☐	87 – 70 = ☐
94 – 50 = ☐	86 – 70 = ☐
93 – 50 = ☐	85 – 70 = ☐
92 – ☐ = ☐	☐ – ☐ = ☐
☐ – ☐ = ☐	☐ – ☐ = ☐

8

72 – 10 = ☐	68 – 60 = ☐
73 – 20 = ☐	67 – 50 = ☐
74 – 30 = ☐	66 – 40 = ☐
75 – ☐ = ☐	☐ – ☐ = ☐
☐ – ☐ = ☐	☐ – ☐ = ☐

9 Kartei ZE – Z rechnen

10 Spiel In Zehnersprüngen unterwegs

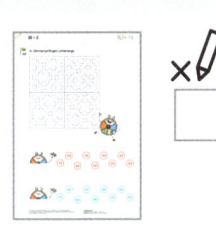

gespielt mit _____

11

83 – 60 = 23	45 – 30 = ☐	97 – 70 = ☐
92 – 40 = ☐	28 – 20 = ☐	78 – 40 = ☐
56 – 20 = ☐	64 – 50 = ☐	51 – 0 = ☐
71 – 30 = ☐	39 – 10 = ☐	66 – 20 = ☐

→ **Trainingsheft 2** S. 39
→ **Expertenheft 2** S. 20

6.2 Algorithmen erkennen

59

ZE – E ⬚7⬚5 – ⬚3

| 5 – 3 = 2 |
| ⬚7⬚5 – ⬚3 = ⬚7⬚2 |

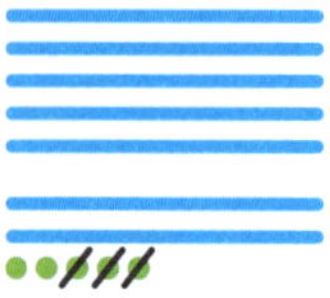

12

7 – 4 = ⬚
⬚3⬚7 – 4 = ⬚

5 – 4 = ⬚
⬚4⬚5 – 4 = ⬚

8 – 6 = ⬚
⬚2⬚8 – 6 = ⬚

9 – 7 = ⬚
⬚5⬚9 – 7 = ⬚

8 – 3 = ⬚
⬚7⬚8 – 3 = ⬚

7 – 5 = ⬚
⬚9⬚7 – 5 = ⬚

Trainingsheft 2 S. 40   6.2 Algorithmen erkennen

ZE – E

7 5 – 3

13

7 – 3 = ☐
57 – 3 = ☐☐

☐ – ☐ = ☐
48 – 6 = ☐☐

☐ – ☐ = ☐
95 – 4 = ☐☐

☐ – ☐ = ☐
76 – 5 = ☐☐

☐ – ☐ = ☐
69 – 8 = ☐☐

☐ – ☐ = ☐
88 – 7 = ☐☐

14

☐ – ☐ = ☐
☐☐ – ☐ = ☐☐

☐ – ☐ = ☐
☐☐ – ☐ = ☐☐

15

58 – 6 = 52
66 – 4 =
49 – 8 =
68 – 7 =

96 – 4 =
75 – 2 =
82 – 1 =
77 – 5 =

59 – 2 =
98 – 7 =
39 – 8 =
84 – 3 =

16 Kartei
ZE – E rechnen

17 Spiel und Karten
Im Zwerg- und Riesenwald

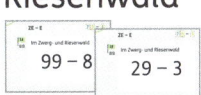

99 – 8   29 – 3

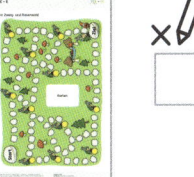

gespielt mit _____

→ Trainingsheft 2 S. 40

6.2 Algorithmen erkennen

61

ZE – E

75 – 5

zurück zum Zehner

75 – 5 = 70

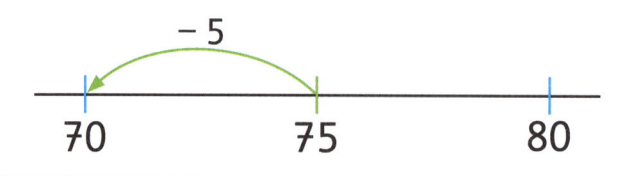

– 5
70   75   80

18

38 – 8 = 30   59 – ☐ = 50    74 – ☐ = 70

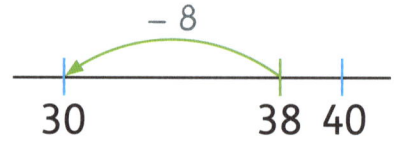

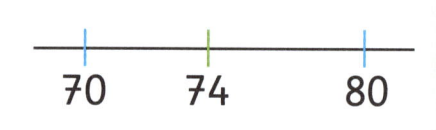

– 8
30   38 40   50   59 60   70   74   80

45 – ☐ = 40 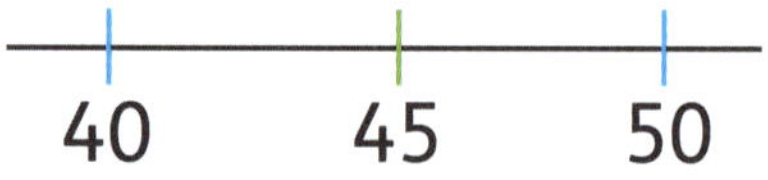   27 – ☐ = 20    81 – ☐ = 80

40 45 50   20   27 30   80 81   90

62 – ☐ = 60    93 – ☐ = 90    56 – ☐ = 50

60 62   70   90 93   100   50   56   60

19

42 – 2 = 40   31 – ☐ = ☐   98 – ☐ = ☐
15 – ☐ = ☐   55 – ☐ = ☐   69 – ☐ = ☐
67 – ☐ = ☐   84 – ☐ = ☐   36 – ☐ = ☐
73 – ☐ = ☐   57 – ☐ = ☐   22 – ☐ = ☐

→ Trainingsheft 2 S. 41

ZE – E

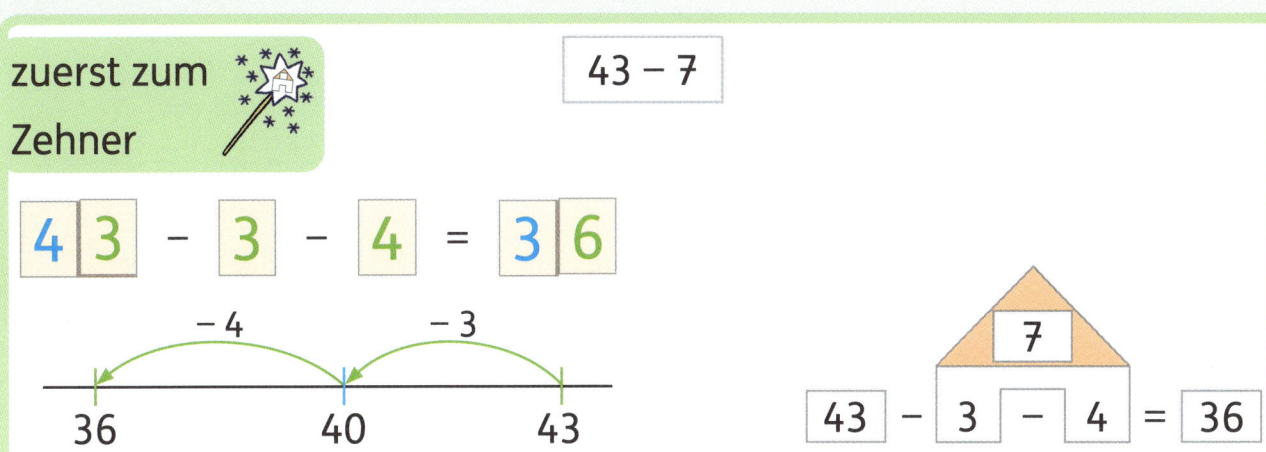

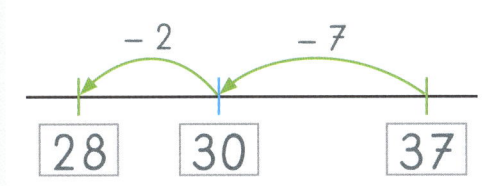

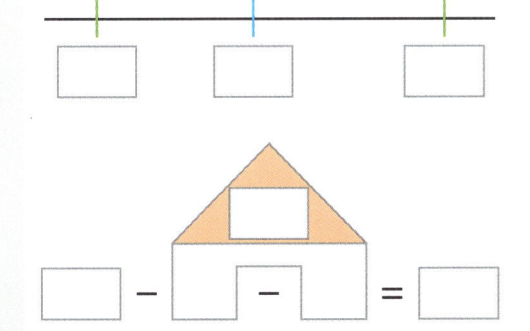

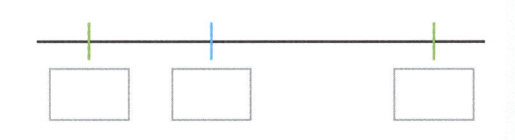

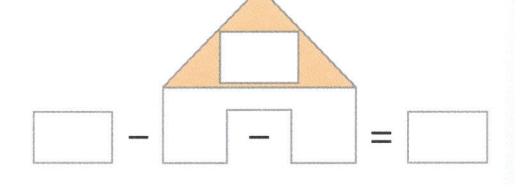

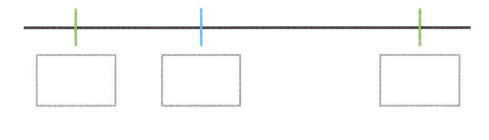

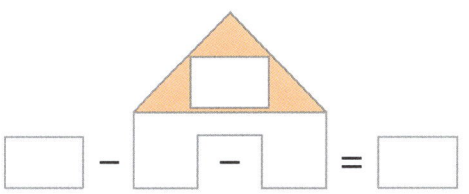

zuerst zum Zehner

43 – 7

4|3 – 3 – 4 = 3|6

36 — −4 → 40 — −3 → 43

43 – 3 – 4 = 36 (Dach: 7)

20

37 – 9

28 ← −2 — 30 ← −7 — 37

37 – 7 – 2 = ☐ (Dach: 9)

43 – 7

☐ – ☐ – ☐ = ☐

54 – 5

☐ – ☐ – ☐ = ☐

73 – 8

☐ – ☐ – ☐ = ☐

Trainingsheft 2 S. 42

ZE – E

21 aus 65 − 8
mache ich   65 − 5 − 3 = ☐

aus 82 − 8
mache ich   ☐ − ☐ − ☐ = ☐

65 − 7
☐ − ☐ − ☐ = ☐

77 − 9
☐ − ☐ − ☐ = ☐

31 − 4
☐ − ☐ − ☐ = ☐

42 − 5
☐ − ☐ − ☐ = ☐

84 − 8
☐ − ☐ − ☐ = ☐

24 − 6
☐ − ☐ − ☐ = ☐

63 − 6
☐ − ☐ − ☐ = ☐

93 − 7
☐ − ☐ − ☐ = ☐

22   ☐ −
☐ − ☐ − ☐ = ☐

☐ −
☐ − ☐ − ☐ = ☐

Trainingsheft 2 S. 43   4.1 Medienproduktion und Präsentation

ZE – E

der 9er- Trick

Ich rechne 75 minus 10 und dann plus 1. Das Ergebnis ist 66.

75 – 9

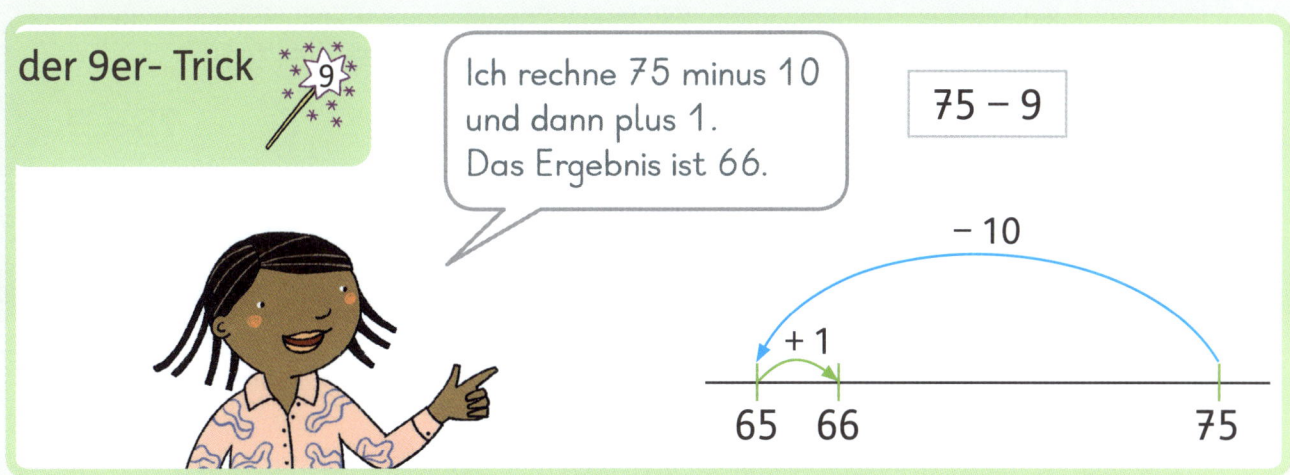

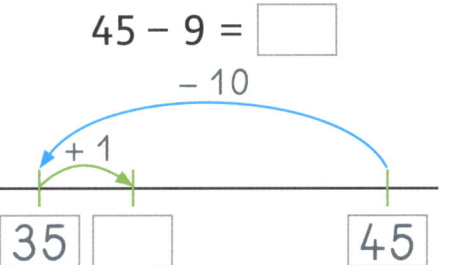

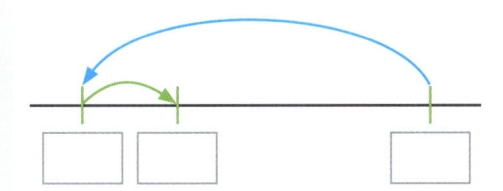

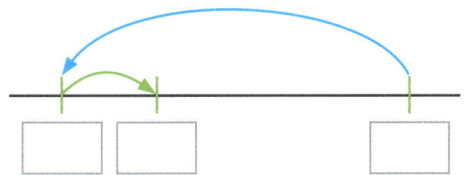

23

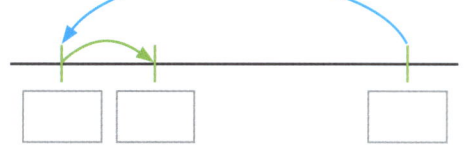

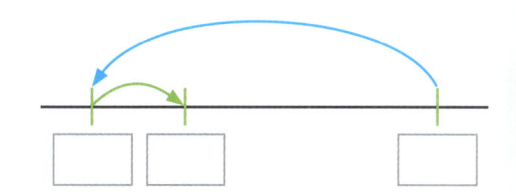

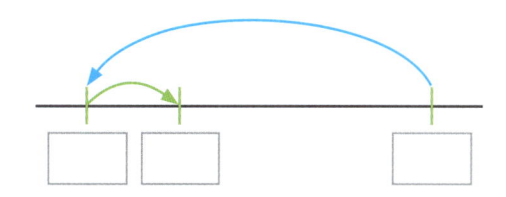

45 – 9 = ☐   68 – 9 = ☐

35 ☐ 45

82 – 9 = ☐   53 – 9 = ☐

26 – 9 = ☐   37 – 9 = ☐

24 Kartei 9er-Trick

25 Spiel Monsterwürfel 1

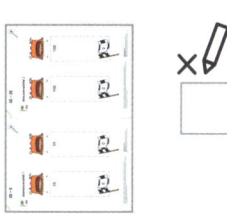

gespielt mit _____

→ Trainingsheft 2 S. 44

65

ZE – E

26 Kreise die Springzahl ein. Welche Farbe hat die Zielzahl?

84 − 8 = 76	92 − 8 = ☐	75 − 7 = ☐
67 − 4 = ☐	71 − 4 = ☐	63 − 9 = ☐
63 − 6 = ☐	84 − 6 = ☐	48 − 4 = ☐
76 − 9 = ☐	67 − 9 = ☐	54 − 6 = ☐
57 − 8 = ☐	78 − 7 = ☐	68 − 5 = ☐
Zielzahl: 49	Zielzahl: 58	Zielzahl: 44

67 − 3 = ☐	100 − 9 = ☐	51 − 2 = ☐
56 − 8 = ☐	88 − 5 = ☐	49 − 7 = ☐
42 − 5 = ☐	74 − 6 = ☐	42 − 4 = ☐
48 − 6 = ☐	83 − 9 = ☐	32 − 5 = ☐
64 − 8 = ☐	91 − 3 = ☐	38 − 6 = ☐
Zielzahl: 37	Zielzahl: 68	Zielzahl: 27

72 − 4 = ☐	91 − 6 = ☐	63 − 5 = ☐
59 − 0 = ☐	78 − 8 = ☐	38 − 6 = ☐
52 − 6 = ☐	85 − 7 = ☐	54 − 9 = ☐
68 − 9 = ☐	61 − 5 = ☐	45 − 7 = ☐
59 − 7 = ☐	70 − 9 = ☐	58 − 4 = ☐
Zielzahl: 46	Zielzahl: 56	Zielzahl: 32

27 Kartei Springpäckchen

28 Spiel Volltreffer

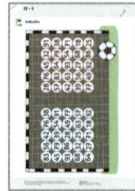

gespielt mit _____

ZE – E

29 Rechne geschickt.

43 —(−7)—(−3) = 33   56 —(−6)—(−3) = ☐

51 —(−1)—(−2) = ☐   47 —(−2)—(−7) = ☐

37 —(−7)—(−3) = ☐   98 —(−8)—(−5) = ☐

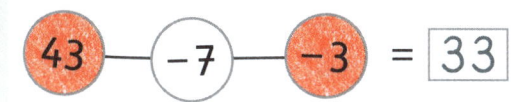

64 —(−6)—(−4) = ☐   71 —(−5)—(−1) = ☐

30 Rechne geschickt.

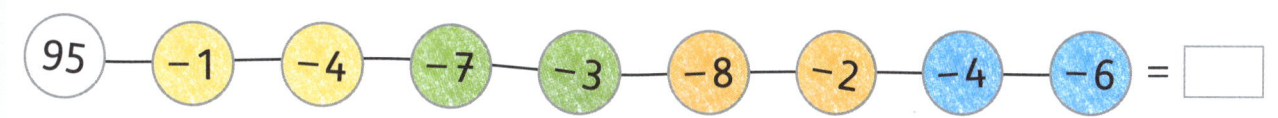

95 —(−1)—(−4)—(−7)—(−3)—(−8)—(−2)—(−4)—(−6) = ☐

73 —(−1)—(−2)—(−3)—(−7)—(−6)—(−4)—(−0)—(−10) = ☐

84 —(−3)—(−1)—(−1)—(−9)—(−5)—(−5)—(−2)—(−8) = ☐

67 —(−8)—(−2)—(−3)—(−4)—(−6)—(−4)—(−1)—(−9) = ☐

31 Lise hat beim Rosenmontagszug 53 Bonbons gesammelt.
Sie schenkt Ahmed 9 Bonbons.

Frage: _____

Lösung:

Antwort: _____

Trainingsheft 2 S. 45   6.2 Algorithmen erkennen

ZE – E

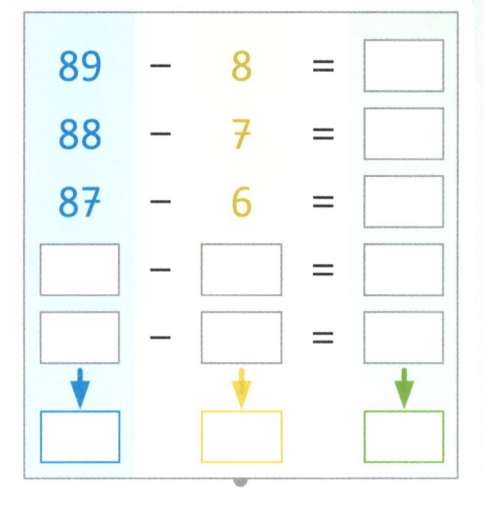

32

63	−	4	=	
63	−	5	=	
63	−	6	=	
63	−		=	
	−		=	

89	−	8	=	
88	−	7	=	
87	−	6	=	
	−		=	
	−		=	

Zwerg und Riese

Zuerst zum Zehner

9er-Trick

25	−	9	=	
35	−	9	=	
45	−	9	=	
	−		=	
	−		=	

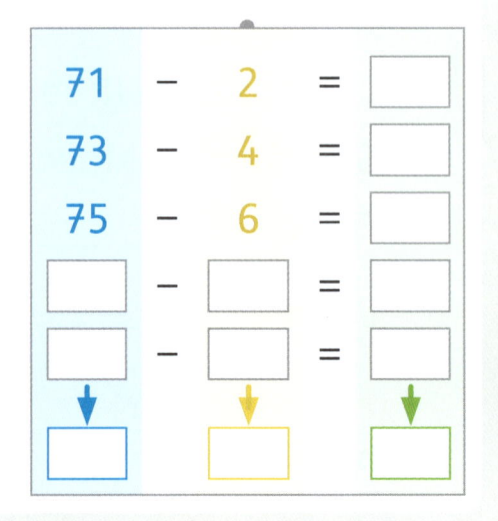

71	−	2	=	
73	−	4	=	
75	−	6	=	
	−		=	
	−		=	

→ **Trainingsheft 2** S. 46
→ **Expertenheft 2** S. 21

MK 6.2 Algorithmen erkennen

ZE – E

33

55 – 5	77 – 5	65 – 4
49 – 5	42 – 2	43 – 8
84 – 6	27 – 4	52 – 9
64 – 4	87 – 7	88 – 6
35 – 7	62 – 4	33 – 3

Zwerg- und Riesenaufgaben

Zurück zum Zehner

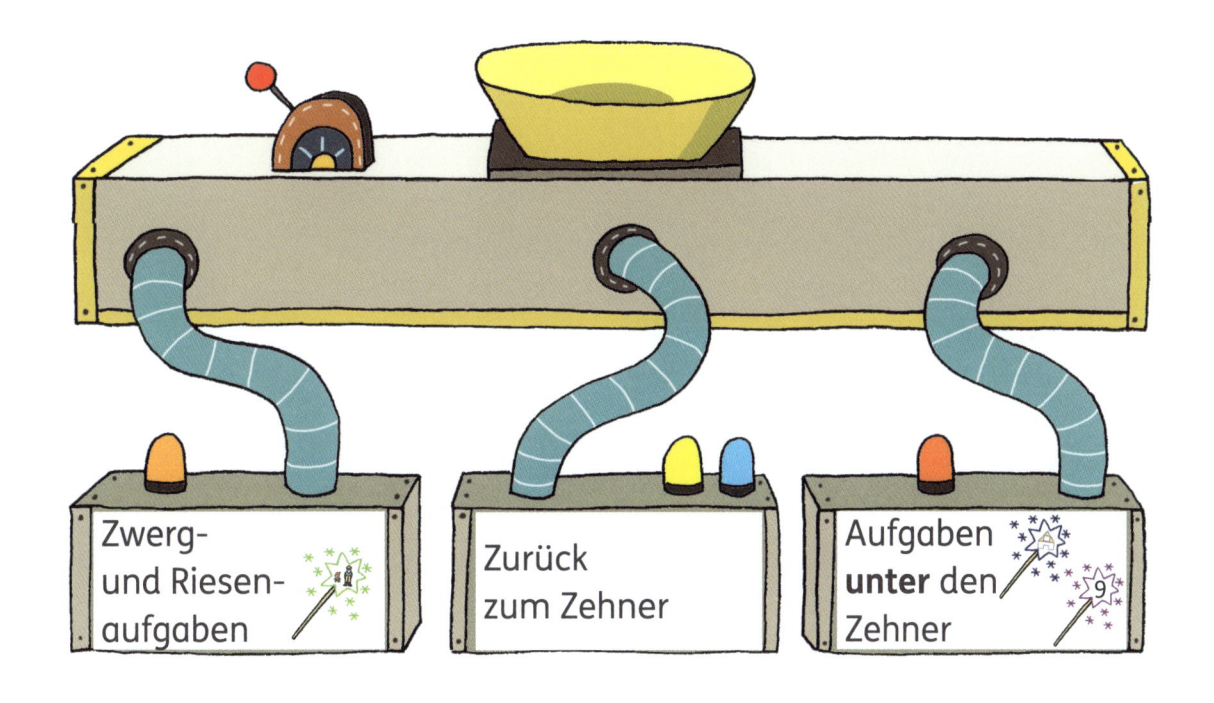

Aufgaben **unter** den Zehner

	55 – 5 =	

Trainingsheft 2 S. 47   3.2 Kommunikations- und Kooperationsregeln

ZE – ZE

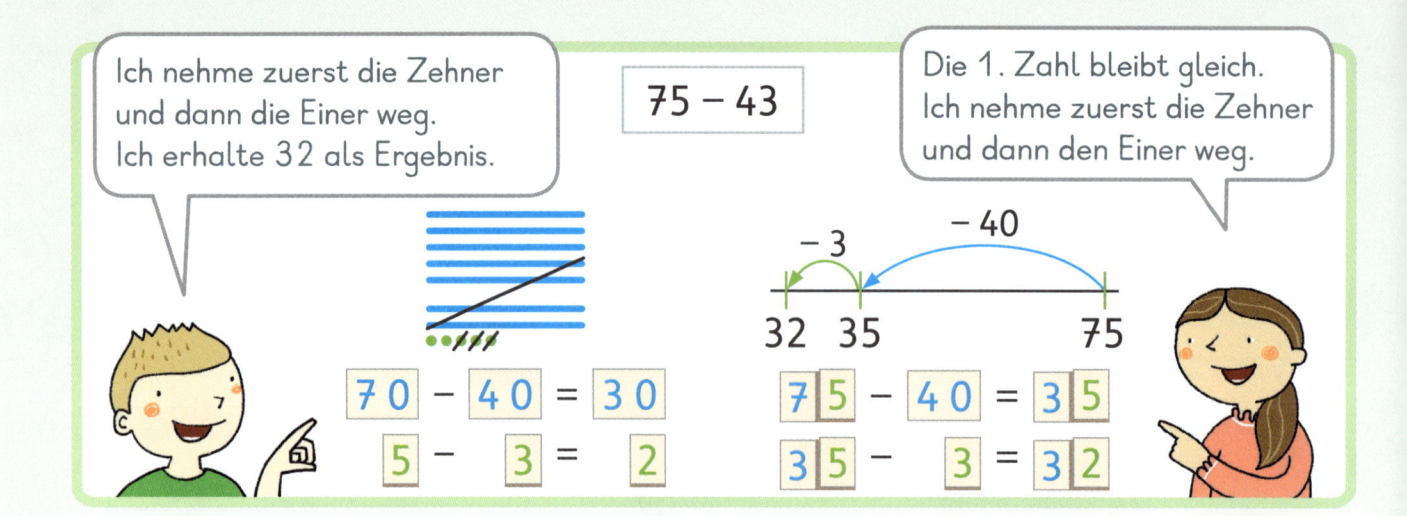

7|5 – 4|3

Ich nehme zuerst die Zehner und dann die Einer weg.
Ich erhalte 32 als Ergebnis.

75 – 43

Die 1. Zahl bleibt gleich. Ich nehme zuerst die Zehner und dann den Einer weg.

7|0 – 4|0 = 3|0
5 – 3 = 2

7|5 – 4|0 = 3|5
3|5 – 3 = 3|2

34 Wie rechnest du? Probiere beide Rechenwege aus.

46 – 12

35 – 24

87 – 46

69 – 35

4.1 Medienproduktion und Präsentation

ZE – ZE

7̶|5 – 4|3

der Hefteintrag

7̶	5	–	4	3	=	3	2
7̶	0	–	4	0	=	3	0
	5	–		3	=		2
3	0	+		2	=	3	2

Schreibe die Aufgabe auf und unterstreiche sie mit dem Lineal. Schreibe Zehner unter Zehner und Einer unter Einer.

7̶	5	–	4	3	=	3	2
7̶	5	–	4	0	=	3	5
3	5	–		3	=	3	2

35 Rechne mit deinem Rechenweg.

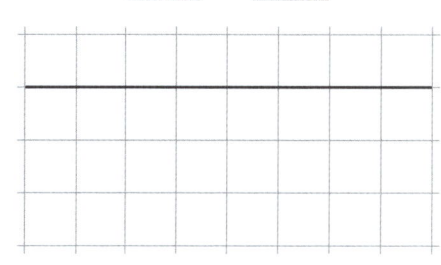

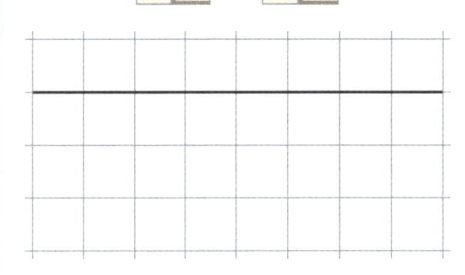

5|4 – 2|2

5 4 – 2 2 =

4|6 – 2|3

8|1 – 7̶|1

9|4 – 8|3

36 Heft

3 6
4 8 – 2 5 =

48 – 25   74 – 43   78 – 54
89 – 37   86 – 54   99 – 81
65 – 24   97 – 31   57 – 37
32 – 21   46 – 13   39 – 27
58 – 36   67 – 35   75 – 64

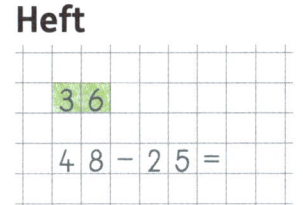

→ Trainingsheft 2 S. 48

ZE – ZE

75 – 48

75 – 48

− 8   − 40

27 35   75

7|5 − 4|0 = 3|5

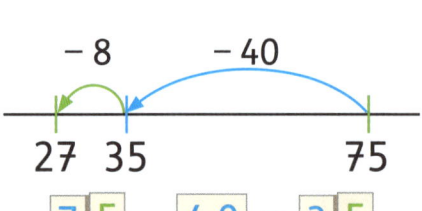

3|5 −   8 = 2|7

Die 1. Zahl bleibt gleich. Von der 1. Zahl nehme ich zuerst die Zehner und dann die Einer weg.

37 Schreibe den Rechenweg auf.

43 – 28

56 – 37

72 – 54

64 – 46

4.1 Medienproduktion und Präsentation

ZE – ZE

7|5 – 4|8

38 Schreibe den Rechenweg auf.

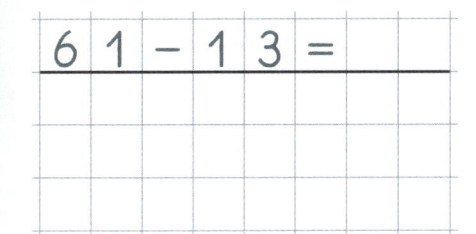

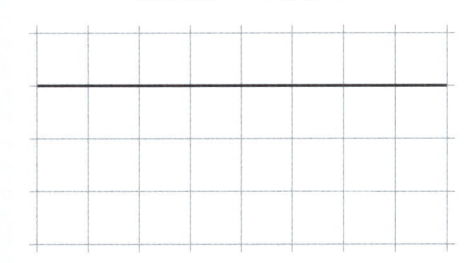

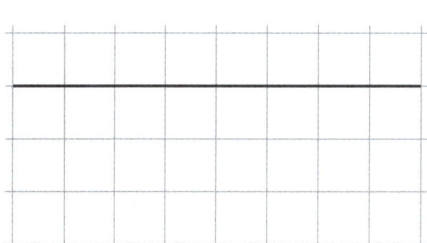

6|1 – 1|3

6 1 – 1 3 =

5|3 – 2|6

6|4 – 3|8

7|7 – 5|8

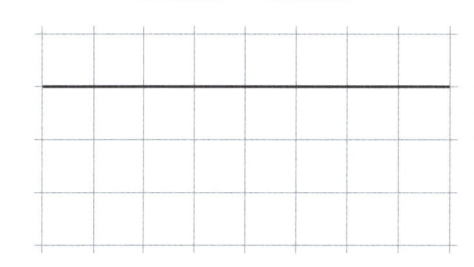

8|2 – 3|4

4|7 – 1|9

5|2 – 2|5

7|2 – 4|9

39 Heft

3 9
8 4 – 2 8 =

84 – 28
66 – 37
81 – 18
54 – 45

40 Kartei
ZE – ZE rechnen

→ **Trainingsheft 2** S. 49
→ **Expertenheft 2** S. 22/23

73

ZE – ZE

der 9er-Trick

Ich rechne 75 minus 20 und dann plus 1. Das Ergebnis ist 56.

75 – 19

41

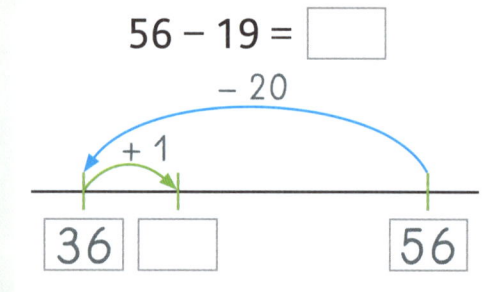

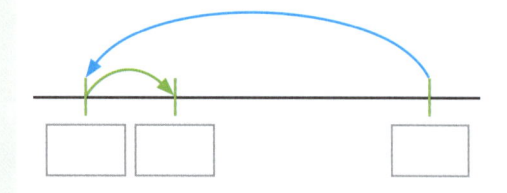

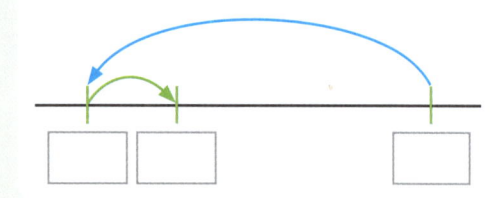

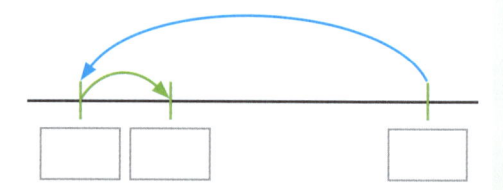

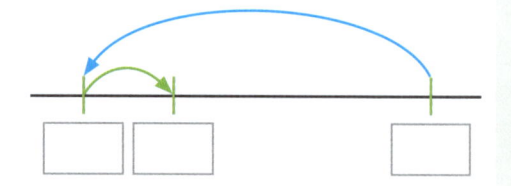

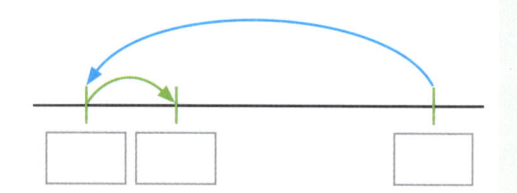

56 – 19 = ☐

36 ☐ 56

83 – 19 = ☐

63 – 39 = ☐

73 – 29 = ☐

42 – 39 = ☐

74 – 49 = ☐

42 Kartei 9er-Trick

43 Spiel Monsterwürfel 2

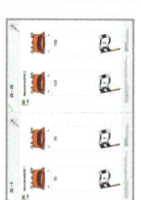

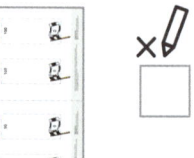

gespielt mit _____

→ Trainingsheft 2 S. 50

ZE – ZE

44

46 – 19 = ☐	96 – 39 = ☐
48 – 19 = ☐	94 – 39 = ☐
50 – 19 = ☐	92 – 39 = ☐
52 – ☐ = ☐	☐ – ☐ = ☐
☐ – ☐ = ☐	☐ – ☐ = ☐

71 – 9 = ☐	94 – 49 = ☐
72 – 19 = ☐	84 – 39 = ☐
73 – 29 = ☐	74 – 29 = ☐
☐ – ☐ = ☐	☐ – ☐ = ☐
☐ – ☐ = ☐	☐ – ☐ = ☐

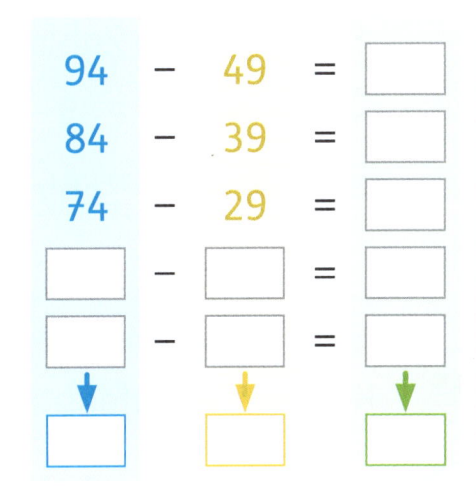

45

Zahl	30	50	70	90	100	62	48	34	76
die Hälfte	15								

46 **Heft**
Rechne 10 Halbierungsaufgaben.

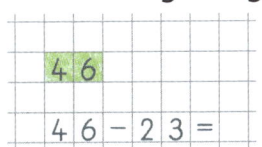

4 6
4 6 – 2 3 =

47 **Spiel**
Das kleinste Ergebnis gewinnt

gespielt mit _____

→ Trainingsheft 2 S. 51   6.2 Algorithmen erkennen

75

ZE – ZE

Die 43 und 47 sind nah beieinander. Hier ergänze ich 43 + ☐ = 47

Die 53 und 79 sind weit auseinander. Hier rechne ich 79 – 53.

48

56 – 54   Die Zahlen sind   [X] nah beieinander.
                            [ ] weit auseinander.

85 – 62   Die Zahlen sind   [ ] nah beieinander.
                            [ ] weit auseinander.

71 – 69   Die Zahlen sind   [ ] nah beieinander.
                            [ ] weit auseinander.

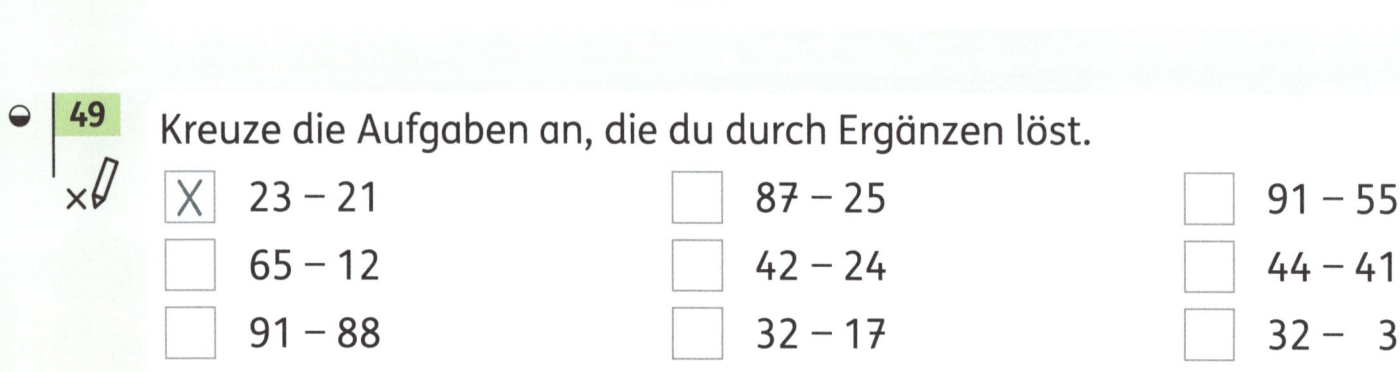

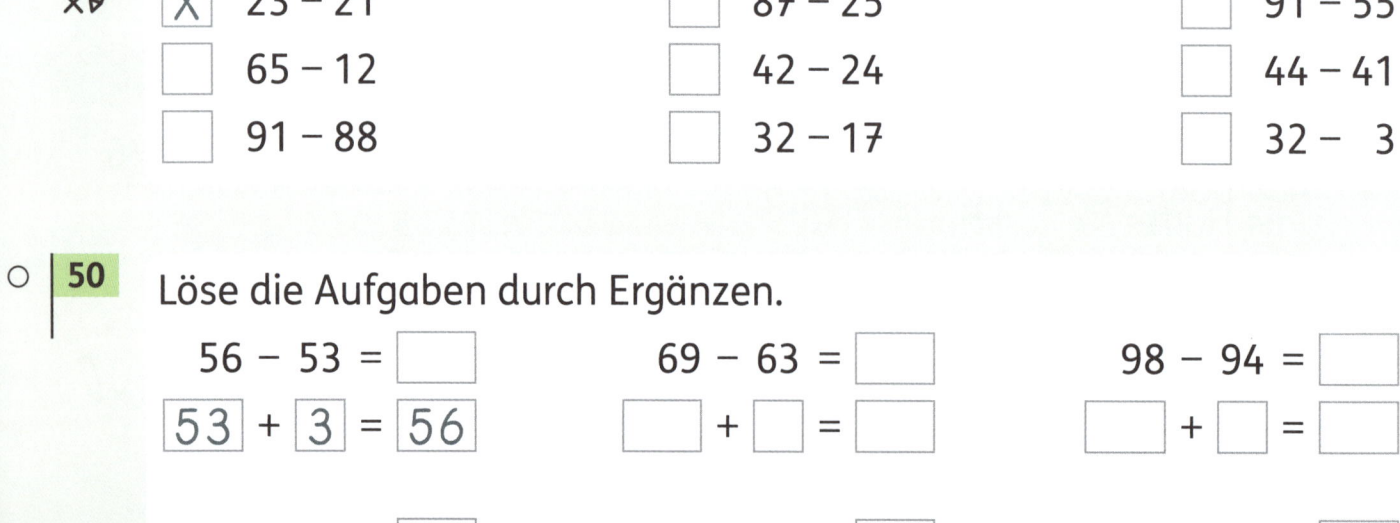

49 Kreuze die Aufgaben an, die du durch Ergänzen löst.

[X] 23 – 21   [ ] 87 – 25   [ ] 91 – 55
[ ] 65 – 12   [ ] 42 – 24   [ ] 44 – 41
[ ] 91 – 88   [ ] 32 – 17   [ ] 32 – 3

50 Löse die Aufgaben durch Ergänzen.

56 – 53 = ☐   69 – 63 = ☐   98 – 94 = ☐
[53] + [3] = [56]   ☐ + ☐ = ☐   ☐ + ☐ = ☐

82 – 79 = ☐   41 – 37 = ☐   72 – 68 = ☐
☐ + ☐ = ☐   ☐ + ☐ = ☐   ☐ + ☐ = ☐

☐ 🗒→ **Trainingsheft 2** S. 52
☐ 🗒→ **Expertenheft 2** S. 24

ZE – ZE

51

–	3	60	63
65	62		
88			
74			

–	20	23	29
79			
59			
90			

52

–	18	27	46
52	34		
65			
83			

–	35	59	47
84			
71			
100			

53 Gabriel und Lea sammeln Dinobilder.
Gabriel hat 64 Bilder und Lea die Hälfte davon.

Frage: _____

Lösung:

Antwort: _____

54 Adil hat 42 Bilder. Mia hat 14 Bilder weniger.
Julian hat halb so viele Bilder wie Mia.

Frage: _____

Lösung:

Antwort: _____

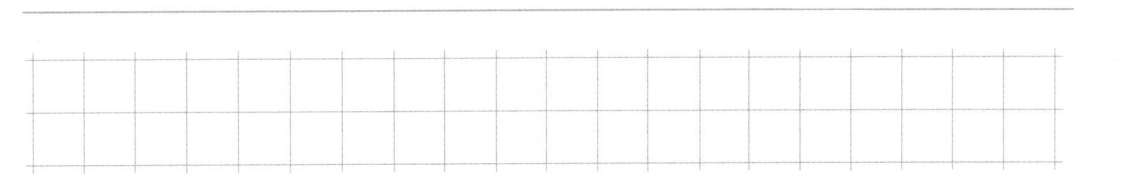

→ **Trainingsheft 2** S. 53
→ **Expertenheft 2** S. 25

ZE – ZE

55 Welche Stelle ändert sich? Nur der Einer? Nur der Zehner? Einer und Zehner? Überlege zuerst, rechne dann.

Z	E			Z	E		
☐	☒	38 – 6 =	32	☐	☐	56 – 20 =	☐
☐	☐	38 – 20 =	☐	☐	☐	56 – 4 =	☐
☐	☐	38 – 29 =	☐	☐	☐	56 – 28 =	☐

Z	E			Z	E		
☐	☐	74 – 48 =	☐	☐	☐	43 – 12 =	☐
☐	☐	97 – 65 =	☐	☐	☐	69 – 30 =	☐
☐	☐	82 – 28 =	☐	☐	☐	74 – 19 =	☐

56

Von der Zahl 65 nehme ich 16 weg. Meine Zahl heißt _____.

Welche Zahl muss ich von 52 wegnehmen, um 30 zu erhalten? Meine Zahl heißt _____.

Ich halbiere die Zahl 48. Meine Zahl heißt _____.

Von der 73 ziehe ich 35 ab. Meine Zahl heißt _____.

☐ → **Trainingsheft 2** S. 54
☐ → **Expertenheft 2** S. 26

MK 3.1 Kommunikations- und Kooperationsprozesse

Plus und minus
Aufgabenteams

57

[15] [37] [ ]   [29] [54] [ ]   [12] [85] [ ]

15 + 37 = ☐   ☐ + ☐ = ☐   ☐ + ☐ = ☐
37 + ☐ = ☐   ☐ + ☐ = ☐   ☐ + ☐ = ☐
☐ − ☐ = ☐   ☐ − ☐ = ☐   ☐ − ☐ = ☐
☐ − ☐ = ☐   ☐ − ☐ = ☐   ☐ − ☐ = ☐

[ ] [33] [92]   [27] [ ] [52]   [36] [57] [ ]

☐ + ☐ = ☐   ☐ + ☐ = ☐   ☐ + ☐ = ☐
☐ + ☐ = ☐   ☐ + ☐ = ☐   ☐ + ☐ = ☐
☐ − ☐ = ☐   ☐ − ☐ = ☐   ☐ − ☐ = ☐
☐ − ☐ = ☐   ☐ − ☐ = ☐   ☐ − ☐ = ☐

58 Kartei
Aufgabenteams bilden

59 Spiel
Bei den Faultieren

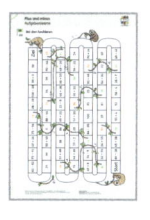

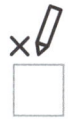

gespielt mit _____

60 Heft
Bilde 3 eigene Aufgabenteams.

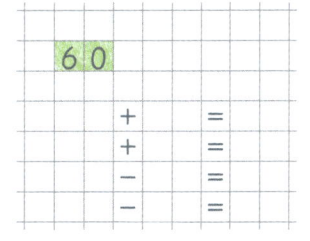

60
☐ + ☐ = ☐
☐ + ☐ = ☐
☐ − ☐ = ☐
☐ − ☐ = ☐

→ Trainingsheft 2 S. 55

Plus und minus

die Ungleichung

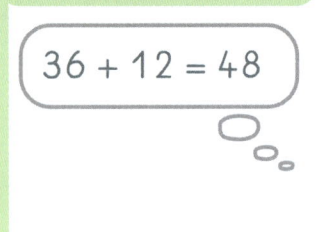

36 + 12 = 48

36 + 12 < 50

36 + 12 ist kleiner als 50.

> größer als
< kleiner als

61 > <

85 + 4 < 90   31 + 14 ○ 50   18 + 27 ○ 46
72 + 9 ○ 80   45 + 23 ○ 70   29 + 53 ○ 81
57 + 2 ○ 60   62 + 35 ○ 90   36 + 37 ○ 74

81 − 4 ○ 80   95 − 24 ○ 70   83 − 36 ○ 48
74 − 9 ○ 60   48 − 16 ○ 40   71 − 45 ○ 24
52 − 8 ○ 50   36 − 23 ○ 20   64 − 28 ○ 35

62 Setze die Zahlen passend ein.

| 5 ~~7~~ 4 | 8 9 2 | 6 3 8 |

32 + [7] > 38   65 + ☐ < 75   28 + ☐ > 30
53 + ☐ > 57   39 + ☐ < 43   46 + ☐ > 51
84 + ☐ > 86   13 + ☐ < 24   77 + ☐ > 83

| 6 3 4 | 5 6 9 | 8 9 7 |

43 − ☐ < 40   72 − ☐ > 65   58 − ☐ < 52
24 − ☐ < 19   95 − ☐ > 84   87 − ☐ < 80
66 − ☐ < 64   31 − ☐ > 23   46 − ☐ < 40

→ Trainingsheft 2 S. 56
→ Expertenheft 2 S. 27

Plus und minus

63 Kreise alle passenden Zahlen ein.

23 + ☐ < 27
⬭1⬭ ⬭2⬭ ⬭3⬭ 4 5 6 7 8 9 10

68 + ☐ > 75
1 2 3 4 5 6 7 8 9 10

46 − ☐ > 41
1 2 3 4 5 6 7 8 9 10

91 − ☐ < 86
1 2 3 4 5 6 7 8 9 10

12 + ☐ < 30
1 2 3 4 5 6 7 8 9 10

49 + ☐ > 50
1 2 3 4 5 6 7 8 9 10

25 − ☐ < 19
1 2 3 4 5 6 7 8 9 10

100 − ☐ > 94
1 2 3 4 5 6 7 8 9 10

64
36 + 2 < 46
62 − ☐ < 60
25 − ☐ > 20
18 + ☐ < 19

74 + ☐ < 80
49 − ☐ > 41
64 + ☐ > 70
87 − ☐ < 65

52 + ☐ > 62
31 + ☐ < 40
62 − ☐ < 50
91 − ☐ > 83

65 Kartei Ungleichungen

66 Heft Rechne 8 Aufgaben, deren Ergebnis > 60 ist.

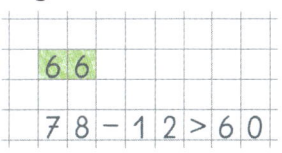

78 − 12 > 60

→ Trainingsheft 2 S. 56

81

Plus und minus

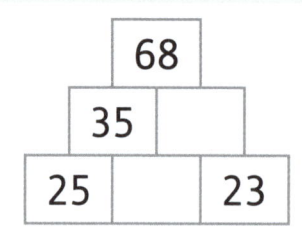

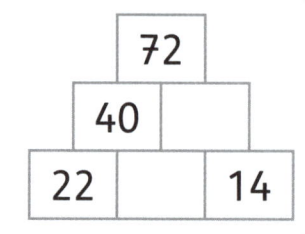

67

Pyramide 1: Spitze 54; Mitte 30, 24; Basis 20, 10, _

Pyramide 2: Spitze 68; Mitte 35, _; Basis 25, _, 23

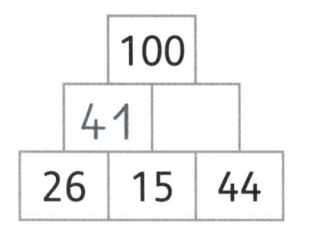

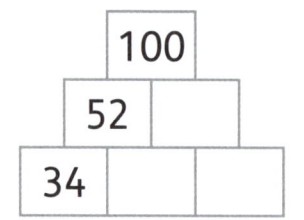

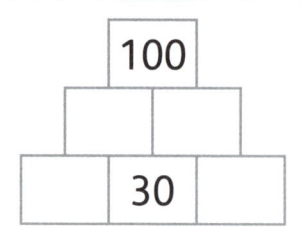

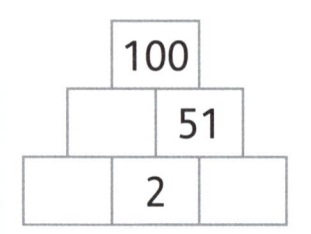

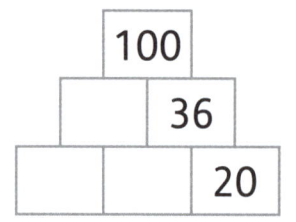

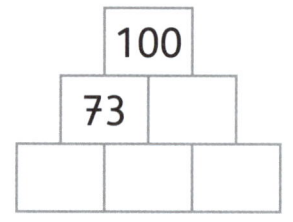

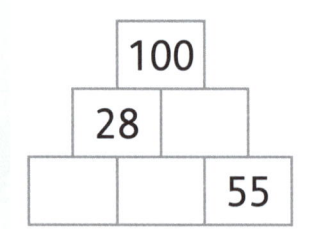

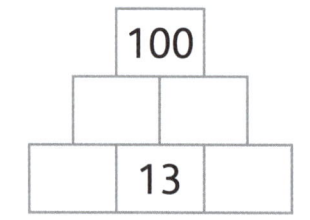

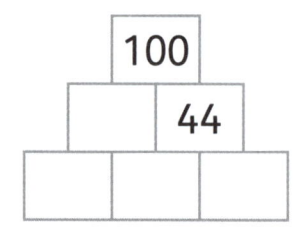

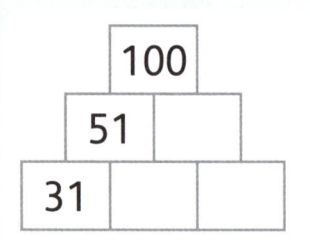

Pyramide 3: Spitze 72; Mitte 40, _; Basis 22, _, 14

68

Pyramide 1: Spitze 100; Mitte 41, _; Basis 26, 15, 44

Pyramide 2: Spitze 100; Mitte 52, _; Basis 34, _, _

Pyramide 3: Spitze 100; Mitte _, _; Basis _, 30, _

Pyramide 4: Spitze 100; Mitte _, 51; Basis 2, _, _

Pyramide 5: Spitze 100; Mitte 36, _; Basis _, _, 20

Pyramide 6: Spitze 100; Mitte 73, _; Basis _, _, _

Pyramide 7: Spitze 100; Mitte 28, _; Basis _, _, 55

Pyramide 8: Spitze 100; Mitte _, _; Basis _, 13, _

Pyramide 9: Spitze 100; Mitte _, 44; Basis _, _, _

69

Pyramide 1: Spitze 100; Mitte 51, _; Basis 31, _, _

Pyramide 2: Spitze 90; Mitte 51, _; Basis 31, _, _

Pyramide 3: Spitze 80; Mitte 51, _; Basis 31, _, _

Der linke Grundstein _____

Der linke Mittelstein _____

Der Zielstein _____,

weil _____

82 → Trainingsheft 2 S. 57

Selbsteinschätzung
Minusaufgaben bis 100

Datum:

70 – 40	Ich kann Zehner minus Zehner rechnen.	
75 – 10	Ich kann von einer Zahl eine Zehnerzahl wegnehmen.	
75 – 3	Ich kann Aufgaben rechnen, die im gleichen Zehner bleiben.	
75 – 5	Ich kann zurück zum Zehner rechnen.	
✨	Ich kann Aufgaben rechnen, die unter den Zehner gehen.	
✨9	Ich kenne den 9er-Trick.	
✨	Ich kenne und benutze Rechentricks.	
75 – 43	Ich kann 2 zweistellige Zahlen voneinander wegnehmen.	
👫	Ich kann Aufgabenteams bilden.	
🦈	Ich kann Ungleichungen lösen.	
✨	Ich kann erklären, wie ich rechne.	

Das muss ich noch üben:

Unterschrift Kind:

Unterschrift Lehrkraft:

Unterschrift Eltern:

→ Expertenheft 2 S. 28/29

83

Von plus zu mal

die Malaufgabe

Ich sehe:
3 + 3 + 3 + 3 + 3

Du hast 5 mal die 3 gewürfelt.

5 · 3 = 15
mal   gleich   das Ergebnis

1 Würfelt gleiche Würfelbilder.

1. Wurf   2. Wurf   3. Wurf

Ben
5 + 5 + 5 + 5 = 20
Clara
4 · 5 = 20

2

2 + 2 + 2 = ☐
3 · ☐ = ☐

☐ + ☐ = ☐
☐ · ☐ = ☐

☐ + ☐ + ☐ + ☐ = ☐
☐ · ☐ = ☐

☐ + ☐ + ☐ + ☐ + ☐ = ☐
☐ · ☐ = ☐

→ Trainingsheft 2 S. 58

Von plus zu mal

3

10 + 10 + 10 = ☐
3 · ☐ = ☐

☐ + ☐ + ☐ = ☐
☐ · ☐ = ☐

☐ + ☐ = ☐
☐ · ☐ = ☐

☐ + ☐ + ☐ + ☐ = ☐
☐ · ☐ = ☐

☐ + ☐ + ☐ + ☐ = ☐
☐ · ☐ = ☐

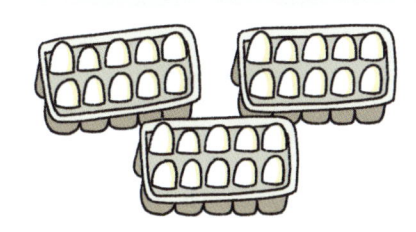

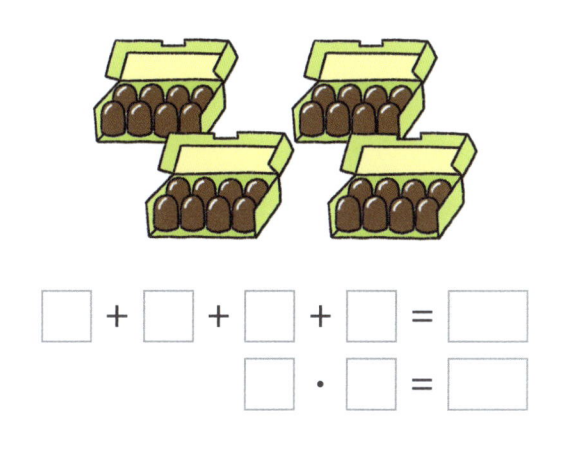

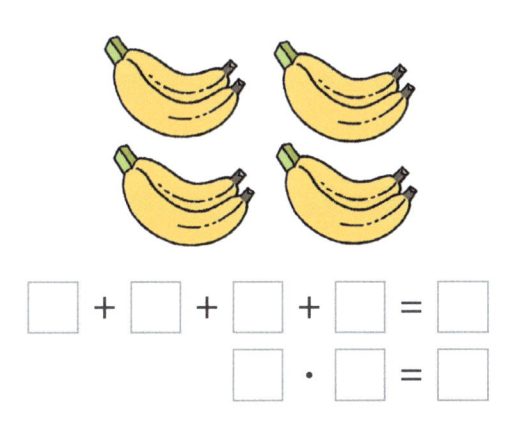

☐ + ☐ = ☐
☐ · ☐ = ☐

4 Kartei
Plus - und Malaufgaben rechnen

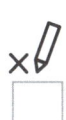

→ Trainingsheft 2 S. 59

5 Spiel
Würfelwahnsinn

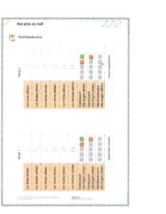

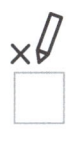

gespielt mit _____

85

Von plus zu mal

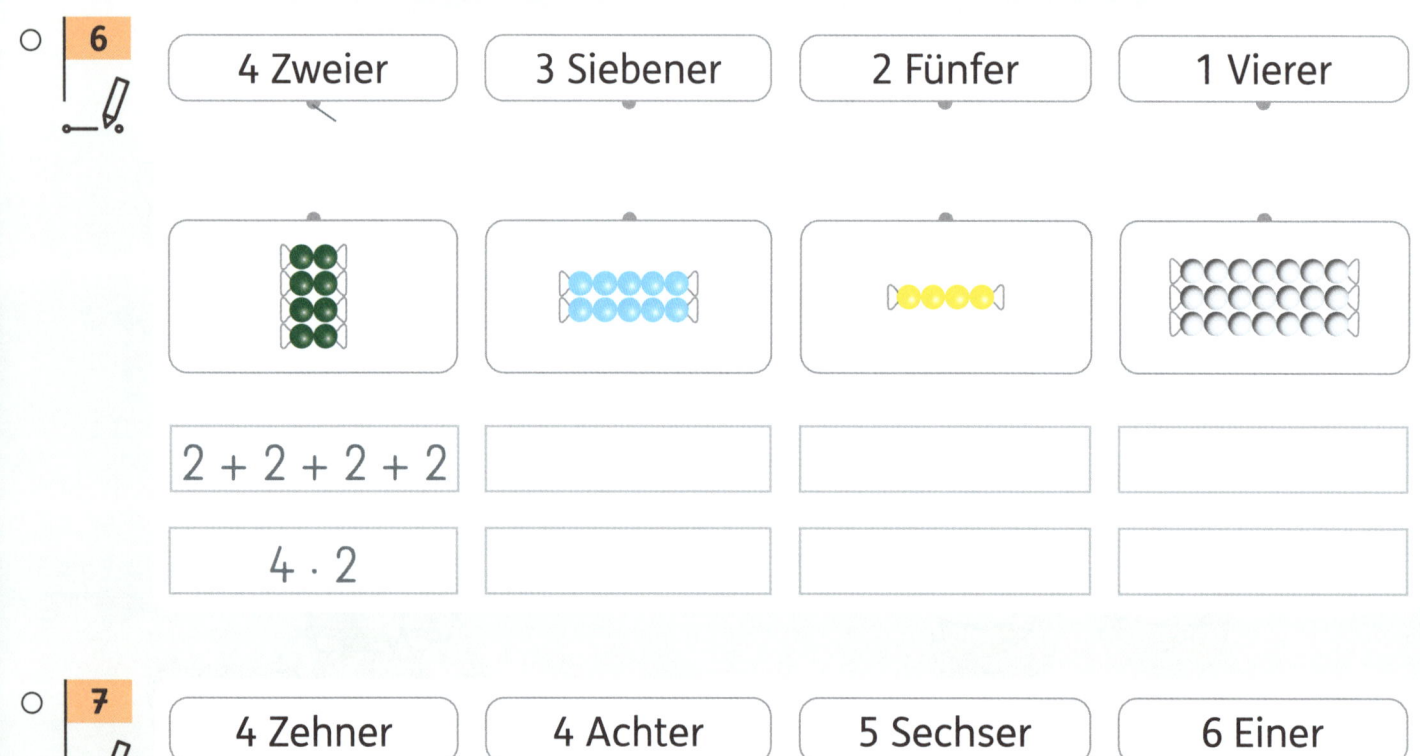

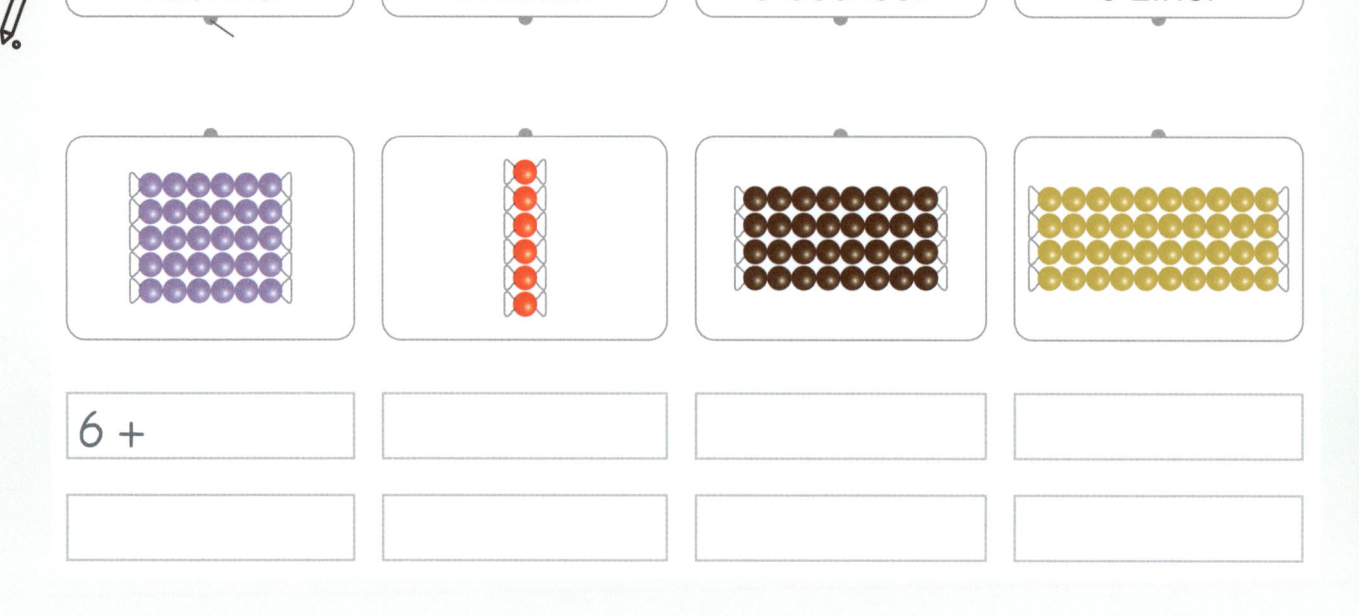

Ich sehe in jeder Zeile 3 Perlen.
3 + 3 + 3 + 3, also 4 Dreier.

4 · 3

Ich sehe 4 Dreier,
also 4 mal 3 Perlen.

6

| 4 Zweier | 3 Siebener | 2 Fünfer | 1 Vierer |

| 2 + 2 + 2 + 2 | | | |
| 4 · 2 | | | |

7

| 4 Zehner | 4 Achter | 5 Sechser | 6 Einer |

| 6 + | | | |
| | | | |

Von plus zu mal

8

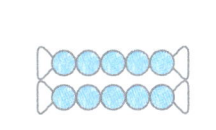

2 Fünfer	6 Dreier	3 Neuner	4 Sechser
5 + 5			
2 · 5			

9 Schreibe die Aufgaben. Male das Punktebild.

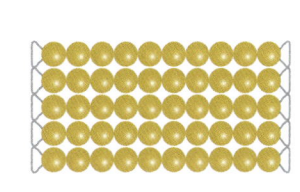

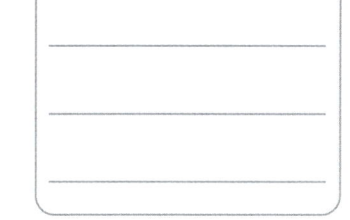

4 Dreier
3 + 3 + 3 + 3
4 · 3

---

10 Kartei
Malaufgaben rechnen

11 Heft
Male und schreibe 6 Malaufgaben auf.

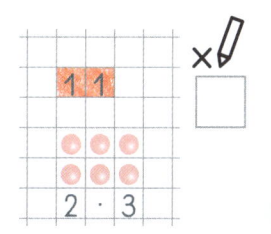

→ Trainingsheft 2 S. 60

87

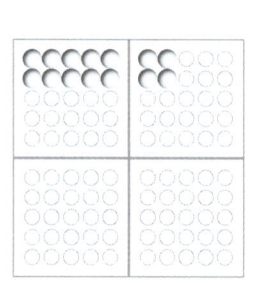

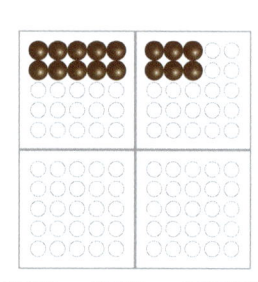

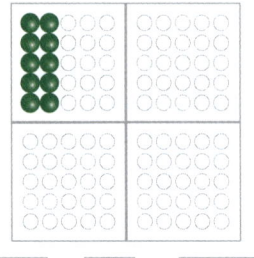

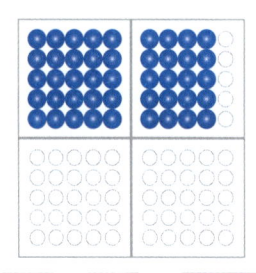

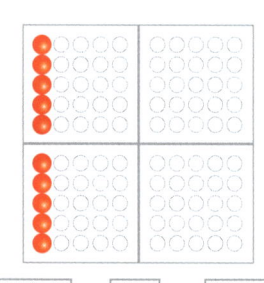

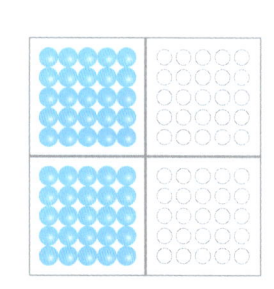

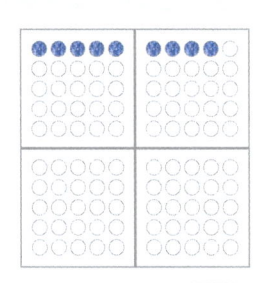

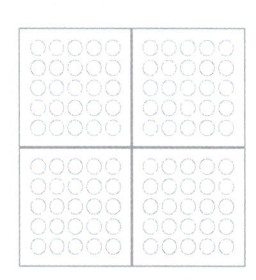

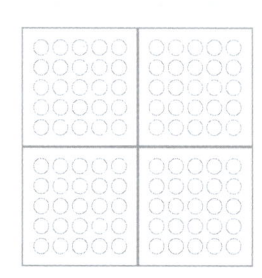

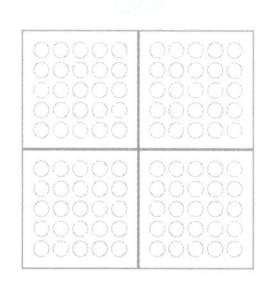

Malaufgaben mit Trick
Königsaufgaben

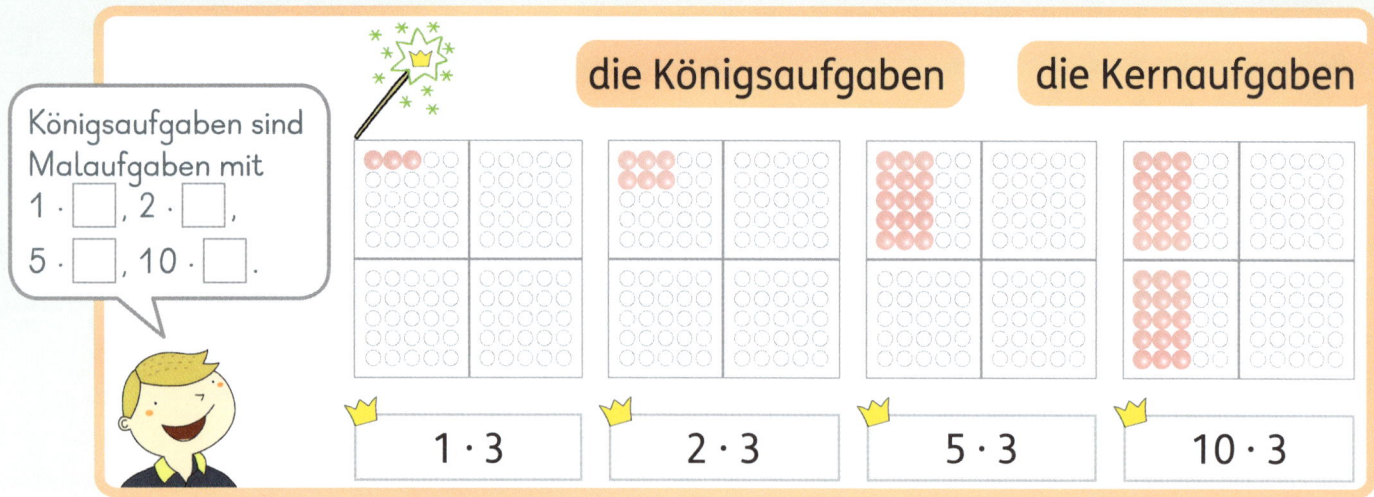

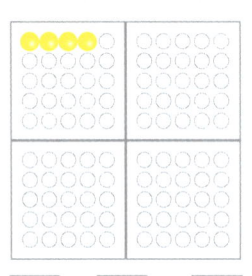

Königsaufgaben sind Malaufgaben mit 1 · ☐, 2 · ☐, 5 · ☐, 10 · ☐.

die Königsaufgaben   die Kernaufgaben

1 · 3   2 · 3   5 · 3   10 · 3

12

1 · 4 = 4   ☐ · ☐ = ☐   ☐ · ☐ = ☐   ☐ · ☐ = ☐

☐ · ☐ = ☐   ☐ · ☐ = ☐   ☐ · ☐ = ☐   ☐ · ☐ = ☐

13

1 · 9 = ☐   2 · 6 = ☐   5 · 4 = ☐   10 · 3 = ☐

Malaufgaben mit Trick
Königsaufgaben

14 Verdopple die Malaufgaben.

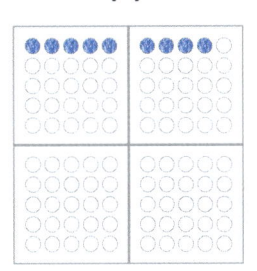

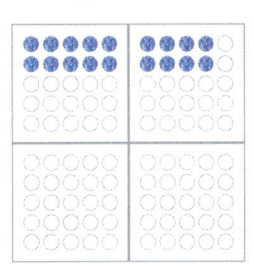

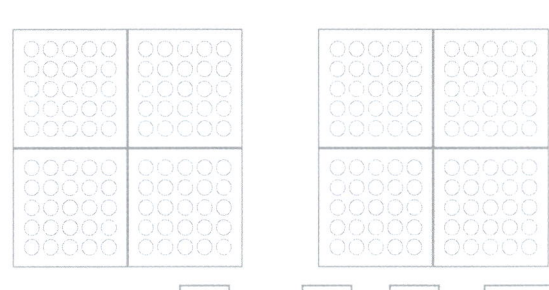

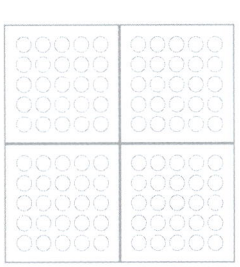

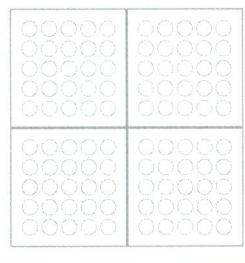

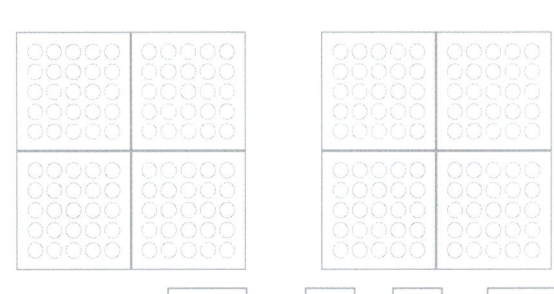

1 · 9 = ☐ ⟶ 2 · 9 = ☐

1 · 4 = ☐ ⟶ ☐ · ☐ = ☐

1 · 8 = ☐ ⟶ ☐ · ☐ = ☐

1 · 6 = ☐ ⟶ ☐ · ☐ = ☐

Schau dir die Ergebnisse an. Was fällt dir auf?

15 Halbiere die Malaufgaben.

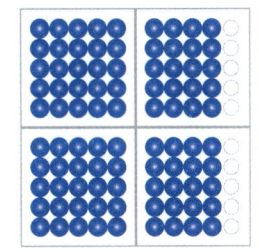

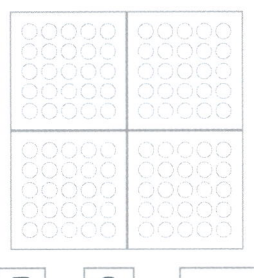

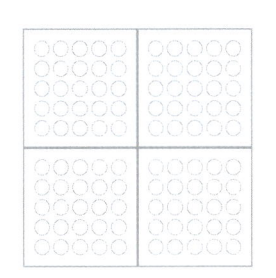

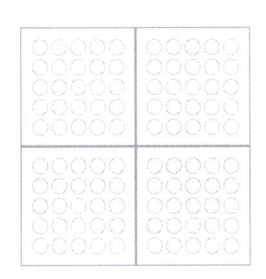

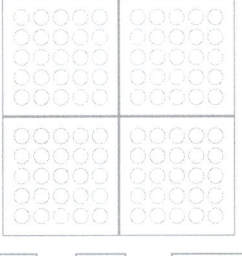

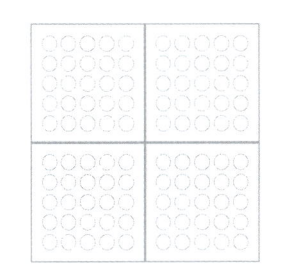

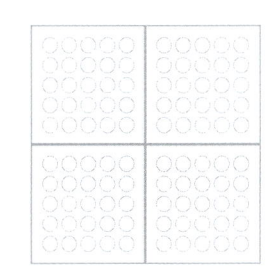

10 · 9 = ☐ ⟶ 5 · 9 = ☐

10 · 4 = ☐ ⟶ ☐ · ☐ = ☐

10 · 8 = ☐ ⟶ ☐ · ☐ = ☐

10 · 6 = ☐ ⟶ ☐ · ☐ = ☐

Schau dir die Ergebnisse an. Was fällt dir auf?

→ Trainingsheft 2 S. 61   3.1 Kommunikations- und Kooperationsprozesse

Königsaufgaben

mit 1 · ☐

---

die Königsaufgaben mit 1 · ☐

1 · 3   1 · 6   1 · 8

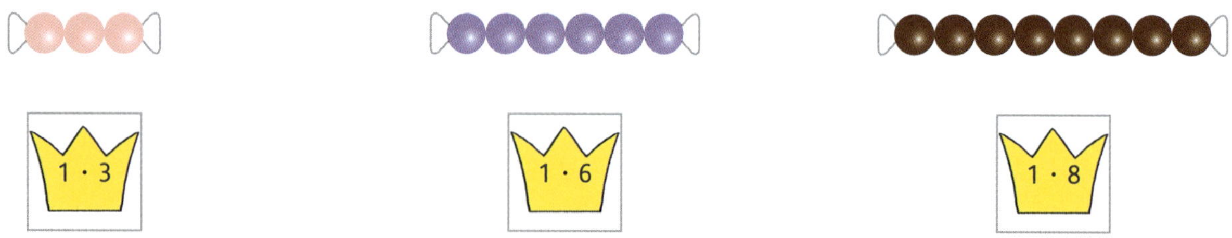

16 Heft
Schreibe und male alle Königsaufgaben mit 1 · ☐ auf.

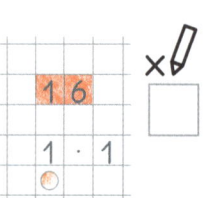

17 1 · 1 Tafel
Seite 151
Male die Königsaufgaben mit 1 · ☐ gelb an.

18

1 · 1 = 1
1 · 2 =
1 · 3 =
1 · 4 =
1 · 5 =
1 · 6 =
1 · 7 =
1 · 8 =
1 · 9 =
1 · 10 =

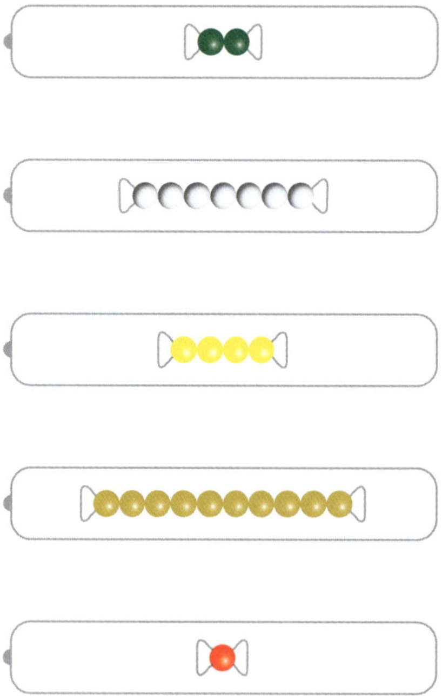

1 Dreier
1 Achter
1 Fünfer
1 Sechser
1 Neuner

19 Karten
Aufgaben mit 1 · ☐ und 0 · ☐ trainieren

20 Karten
Paare finden

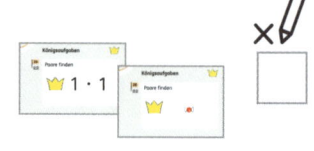

gespielt mit _____

→ Trainingsheft 2 S. 62

Königsaufgaben
mit 10 · ☐

die Königsaufgaben mit 10 · ☐

10 · 3   10 · 6   10 · 8

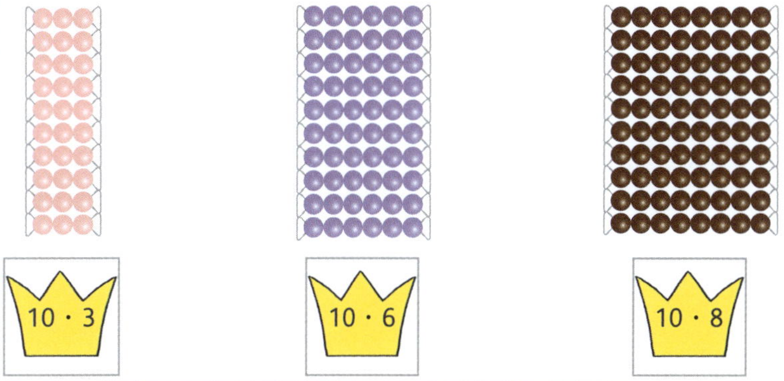

21 Heft
Schreibe und male alle Königsaufgaben mit 10 · ☐ auf.

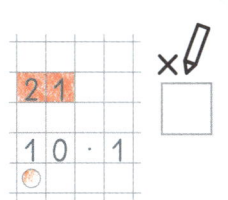

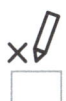

22 1 · 1 Tafel
Seite 151
Male die Königsaufgaben mit 10 · ☐ gelb an.

23
10 · 1 = 10
10 · 2 =
10 · 3 =
10 · 4 =
10 · 5 =
10 · 6 =
10 · 7 =
10 · 8 =
10 · 9 =
10 · 10 =

10 Vierer
10 Einer
10 Zweier
10 Zehner
10 Siebener

10 Dreier
10 Achter
10 Fünfer
10 Sechser
10 Neuner

24 Karten
Aufgaben mit 10 · ☐ trainieren

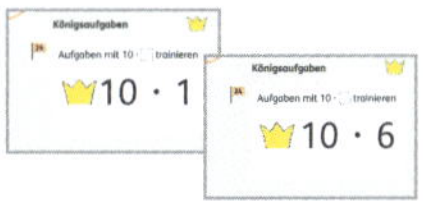

25 Kartei
Sachaufgaben

→ Trainingsheft 2 S. 62

91

Königsaufgaben
mit 2 · ☐

die Königsaufgaben mit 2 · ☐

2 · 3   2 · 6   2 · 8

26 Heft
Schreibe und male alle Königsaufgaben mit 2 · ☐ auf.

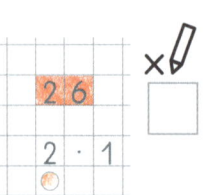

27 1 · 1 Tafel
Seite 151
Male die Königsaufgaben mit 2 · ☐ gelb an.

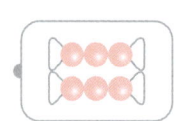

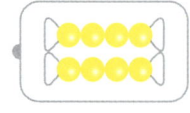

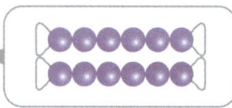

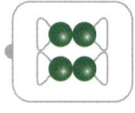

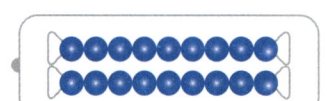

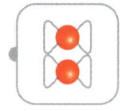

28
2 · 1 = 2
2 · 2 =
2 · 3 =
2 · 4 =
2 · 5 =
2 · 6 =
2 · 7 =
2 · 8 =
2 · 9 =
2 · 10 =

Königsaufgaben
mit 2 · ☐

29

2 Sechser	2 Achter	2 Dreier	2 Neuner
2 · 6 = 12			

2 Einer	2 Zweier	2 Vierer	2 Fünfer

30 Wie viele Beine haben 2 Monster?

Lösung:

Antwort:

Wie viele Beine haben 2 Bienen?

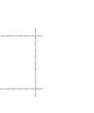

Lösung:

Antwort:

Wie viele Beine haben 2 Giraffen?

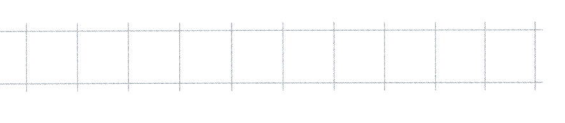

Lösung:

Antwort:

31 **Karten**
Aufgaben mit 2 · ☐ trainieren

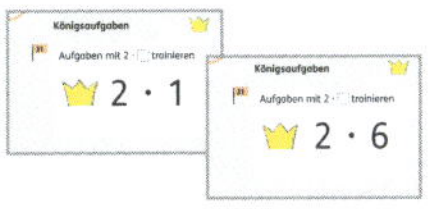

32 **Kartei**
Aufgaben üben

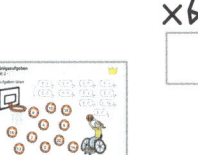

→ Trainingsheft 2 S. 63

Königsaufgaben
mit 5 · ☐

die Königsaufgaben mit 5 · ☐

5 · 3   5 · 6   5 · 8

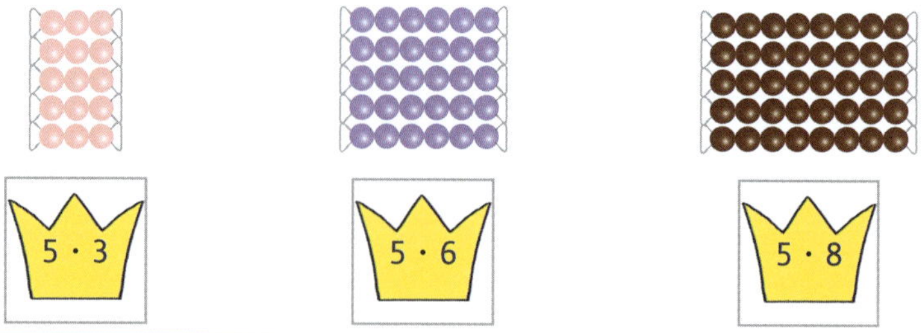

33 Heft
Schreibe und male alle Königsaufgaben mit 5 · ☐ auf.

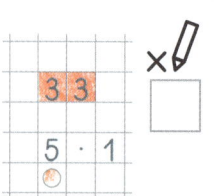

34 1 · 1 Tafel
Seite 151
Male die Königsaufgaben mit 5 · ☐ gelb an.

35
5 · 1 = 5
5 · 2 =
5 · 3 =
5 · 4 =
5 · 5 =
5 · 6 =
5 · 7 =
5 · 8 =
5 · 9 =
5 · 10 =

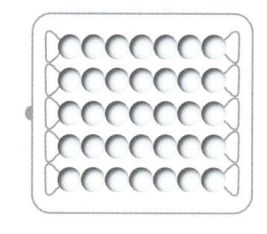

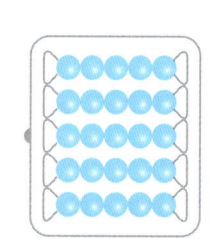

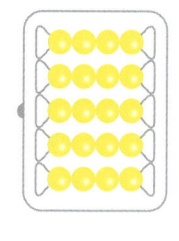

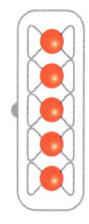

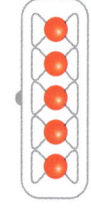

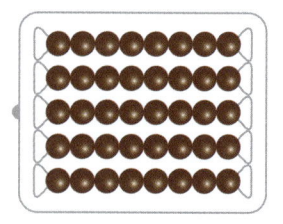

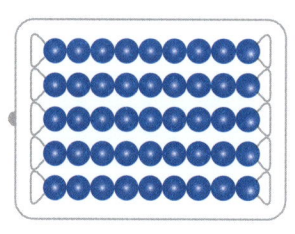

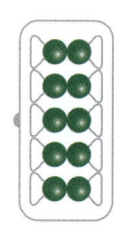

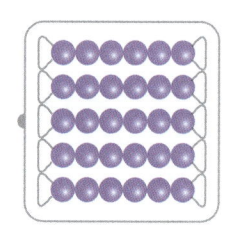

94

Königsaufgaben
mit 5 · ☐

36

5 Sechser	5 Achter	5 Dreier	5 Neuner
5 · 6 = 30			

5 Einer	5 Zweier	5 Vierer	5 Fünfer

37 Wie viele Beine haben 5 Hunde?

Lösung:

Antwort: _____

Wie viele Beine haben 5 Spinnen?

Lösung:

Antwort: _____

Wie viele Beine haben 5 Hähne?

Lösung:

Antwort: _____

38 **Karten**
Aufgaben mit 5 · ☐ trainieren

39 **Kartei**
Aufgaben üben

→ Trainingsheft 2 S. 64

Malaufgaben
Tauschaufgaben

die Tauschaufgabe

Ich sehe 2 · 3.

Daraus mache ich 3 · 2.
Das ist eine Tauschaufgabe.

40 Male die Tauschaufgabe. Schreibe Aufgabe und Tauschaufgabe auf.

2 · 4 = ☐ → 4 · ☐ = ☐   ☐ · ☐ = ☐ → ☐ · ☐ = ☐

☐ · ☐ = ☐ → ☐ · ☐ = ☐   ☐ · ☐ = ☐ → ☐ · ☐ = ☐

Schau dir die Ergebnisse der Tauschaufgaben an. Was fällt dir auf?

41 Kartei Tauschaufgaben rechnen

42 Spiel Schätze finden

gespielt mit _____

Malaufgaben
Tauschaufgaben

die Königsaufgabe	die getauschte Königsaufgabe
○○○ ○○○ 👑 2 · 3 = 6	○○ ○○ ○○ 👑 3 · 2 = 6

43 Tausche zur Königsaufgabe.

4 · 5 = ☐   9 · 5 = ☐   6 · 5 = ☐
👑 5 · 4 = ☐   👑 ☐ · ☐ = ☐   👑 ☐ · ☐ = ☐

9 · 2 = ☐   7 · 5 = ☐   8 · 10 = ☐
👑 ☐ · ☐ = ☐   👑 ☐ · ☐ = ☐   👑 ☐ · ☐ = ☐

44 👑 oder 👑? Entscheide, male und rechne.

👑 5 · 2 = 10   👑 4 · 1 = ☐   👑 7 · 1 = ☐
👑 8 · 2 = ☐   👑 6 · 10 = ☐   👑 1 · 9 = ☐
👑 10 · 2 = ☐   👑 2 · 4 = ☐   👑 3 · 10 = ☐
👑 2 · 1 = ☐   👑 8 · 5 = ☐   👑 9 · 1 = ☐

👑 10 · 5 = ☐   👑 7 · 2 = ☐   👑 2 · 7 = ☐
👑 3 · 5 = ☐   👑 3 · 2 = ☐   👑 4 · 10 = ☐
👑 10 · 1 = ☐   👑 5 · 10 = ☐   👑 3 · 1 = ☐
👑 5 · 1 = ☐   👑 1 · 5 = ☐   👑 9 · 10 = ☐

☐ → **Trainingsheft 2** S. 65
☐ → **Expertenheft 2** S. 30

Malaufgaben

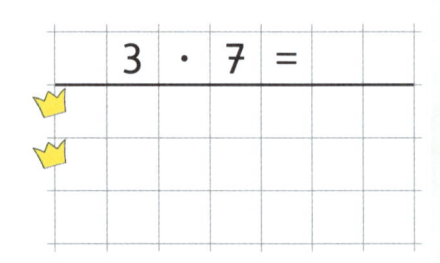

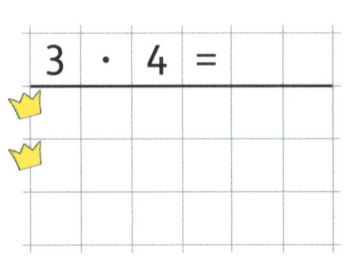

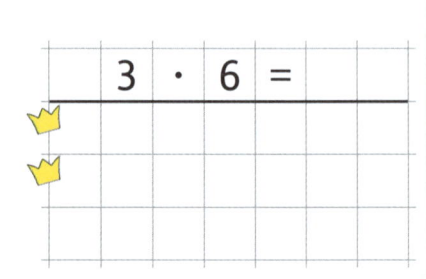

Von 2 · ☐ zu 3 · ☐

3 · 3

Aufgaben mit 3 · ☐

2 · 3 sind 2 Dreier.

3 · 3 sind 2 Dreier plus 1 Dreier.

2 · 3

3 · 3

45 Heft
Schreibe und male alle Aufgaben mit 3 · ☐ auf.

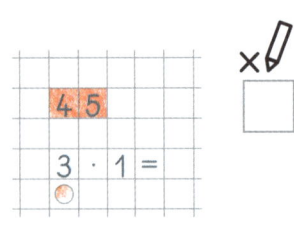

3 · 1 =

46 1·1 Tafel
Seite 151
Male eine Krone für die getauschten Königsaufgaben mit 3 · ☐.

47

3 · 3

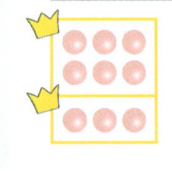

3 · 3 =
2 · 3 = 6
1 · 3 = 3
6 + 3 =

3 · 7

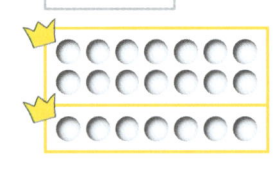

3 · 7 =

3 · 4

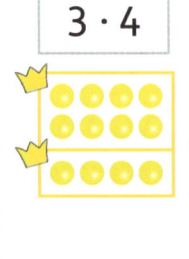

3 · 4 =

3 · 6

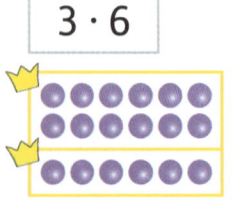

3 · 6 =

98

Malaufgaben
Von 2 · ☐ zu 3 · ☐

3 · 3

48

3 · 8

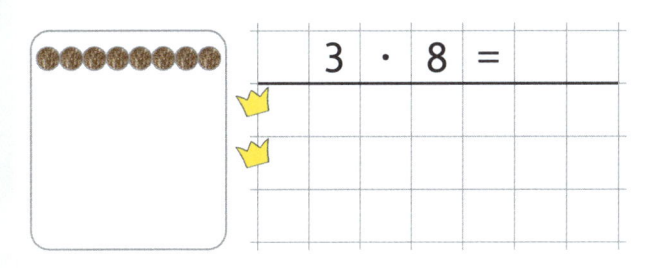

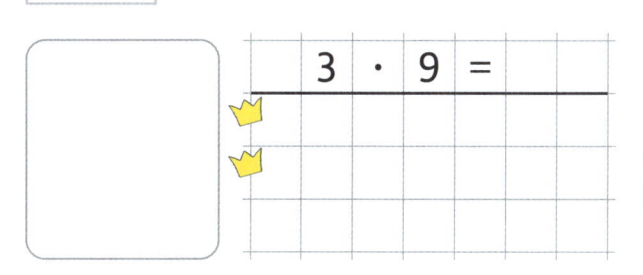

3 · 8 =

3 · 9

3 · 9 =

49

3 · 1 = 3
3 · 2 =
3 · 3 =
3 · 4 =
3 · 5 =

3 · 6 =
3 · 7 =
3 · 8 =
3 · 9 =
3 · 10 =

50 Karten
Von 2 · ☐ zu 3 · ☐ trainieren

51 Kartei
Aufgaben üben

52

3 · 6 = 18
5 · 4 =
2 · 9 =
1 · 1 =

9 · 2 =
3 · 4 =
8 · 5 =
2 · 6 =

4 · 3 =
5 · 9 =
6 · 5 =
3 · 7 =

10 · 3 =
3 · 5 =
1 · 3 =
5 · 5 =

3 · 8 =
10 · 6 =
2 · 7 =
5 · 8 =

10 · 4 =
5 · 7 =
0 · 3 =
5 · 6 =

→ Trainingsheft 2 S. 66

99

Malaufgaben
Von 5 · ☐ zu 6 · ☐

6 · 3

5 · 3 sind 5 Dreier.

Aufgaben mit 6 · ☐

6 · 3 sind 5 Dreier plus 1 Dreier.

5 · 3

6 · 3

53 Heft
Schreibe und male alle Aufgaben mit 6 · ☐ auf.

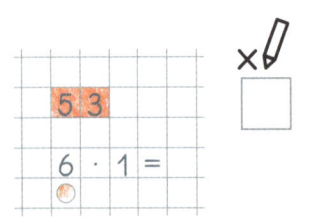

54 1 · 1 Tafel
Seite 151
Male eine Krone für die getauschten Königsaufgaben mit 6 · ☐.

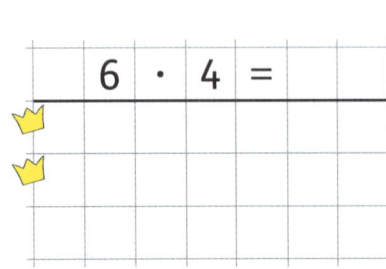

55

6 · 3

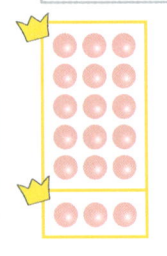

6 · 3 =		
5 · 3 =	1	5
1 · 3 =		3
1 5 + 3 =		

6 · 7

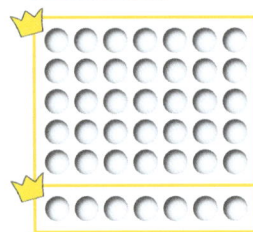

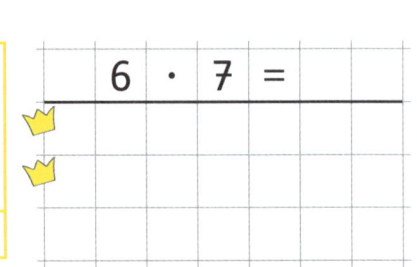

6 · 7 =

6 · 4

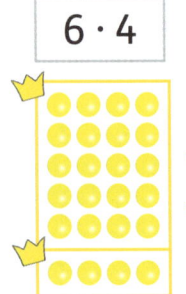

6 · 4 =

6 · 6

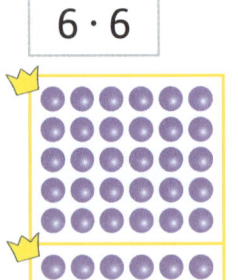

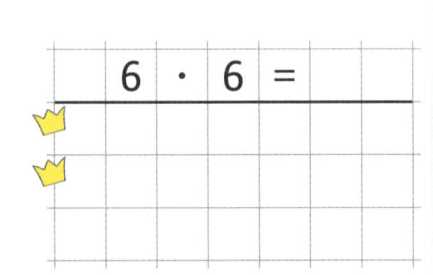

6 · 6 =

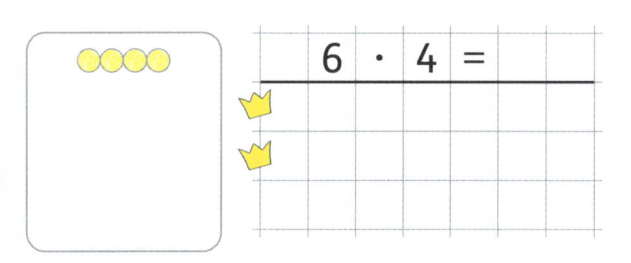

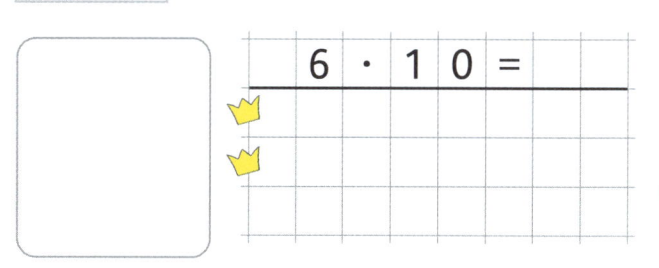

Malaufgaben
Von 5 · ☐ zu 6 · ☐

6 · 3

56

6 · 4

6 · 4 =

6 · 10

6 · 1 0 =

57

6 · 1 = 6
6 · 2 =
6 · 3 =
6 · 4 =
6 · 5 =

6 · 6 =
6 · 7 =
6 · 8 =
6 · 9 =
6 · 10 =

58 Karten
Von 5 · ☐ zu 6 · ☐ trainieren

59 Kartei
Aufgaben üben

60

6 · 3 = 18
3 · 4 =
5 · 7 =
2 · 9 =

10 · 2 =
6 · 5 =
1 · 8 =
3 · 6 =

4 · 1 =
6 · 10 =
8 · 2 =
3 · 5 =

3 · 10 =
5 · 8 =
6 · 6 =
3 · 7 =

5 · 6 =
10 · 8 =
6 · 2 =
5 · 9 =

6 · 4 =
2 · 7 =
0 · 5 =
6 · 8 =

→ Trainingsheft 2 S. 67

Malaufgaben
Von 5 · ☐ zu 7 · ☐

7 · 3

Aufgaben mit 7 · ☐

5 · 3 sind 5 Dreier.

5 · 3

7 · 3

7 · 3 sind 5 Dreier plus 2 Dreier.

61 Heft
Schreibe und male alle Aufgaben mit 7 · ☐ auf.

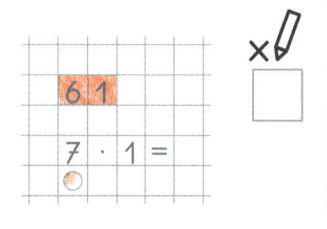

62 1 · 1 Tafel
Seite 151
Male eine Krone für die getauschten Königsaufgaben mit 7 · ☐.

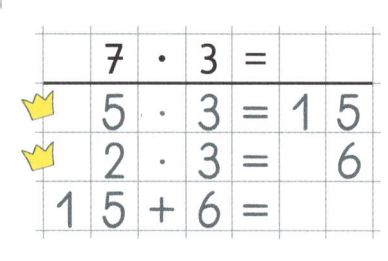

63

7 · 3

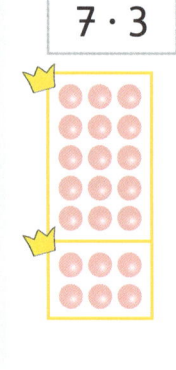

7	·	3	=	
5	·	3	=	1 5
2	·	3	=	6
1 5	+	6	=	

7 · 7

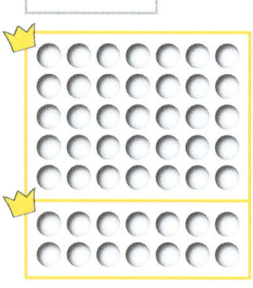

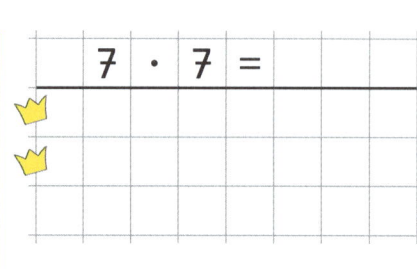

7 · 7 =

7 · 4

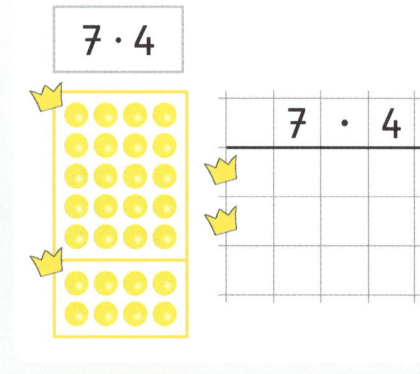

7 · 4 =

7 · 6

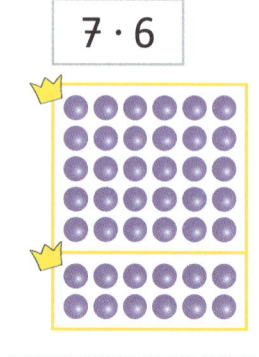

7 · 6 =

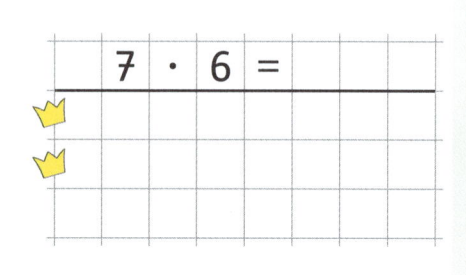

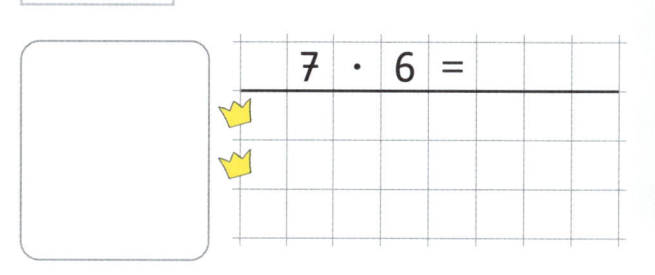

Malaufgaben
Von 5 · ☐ zu 7 · ☐

7 · 3

64

7 · 5

7 · 6

7 · 5 =

7 · 6 =

65

7 · 1 = 7
7 · 2 =
7 · 3 =
7 · 4 =
7 · 5 =

7 · 6 =
7 · 7 =
7 · 8 =
7 · 9 =
7 · 10 =

66 Karten
Von 5 · ☐ zu 7 · ☐ trainieren

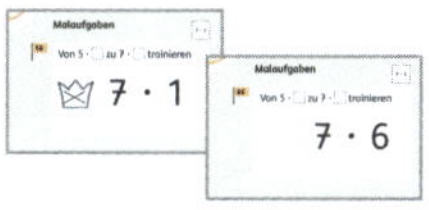

67 Kartei
Aufgaben üben

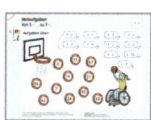

68

7 · 3 = 21
4 · 5 =
2 · 9 =
3 · 4 =

6 · 2 =
5 · 7 =
1 · 6 =
10 · 4 =

3 · 5 =
7 · 2 =
6 · 8 =
9 · 10 =

6 · 7 =
5 · 8 =
3 · 7 =
6 · 3 =

3 · 2 =
7 · 6 =
6 · 9 =
7 · 5 =

6 · 4 =
2 · 8 =
3 · 6 =
5 · 0 =

→ Trainingsheft 2 S. 68

Malaufgaben
Von 10 · ☐ zu 9 · ☐

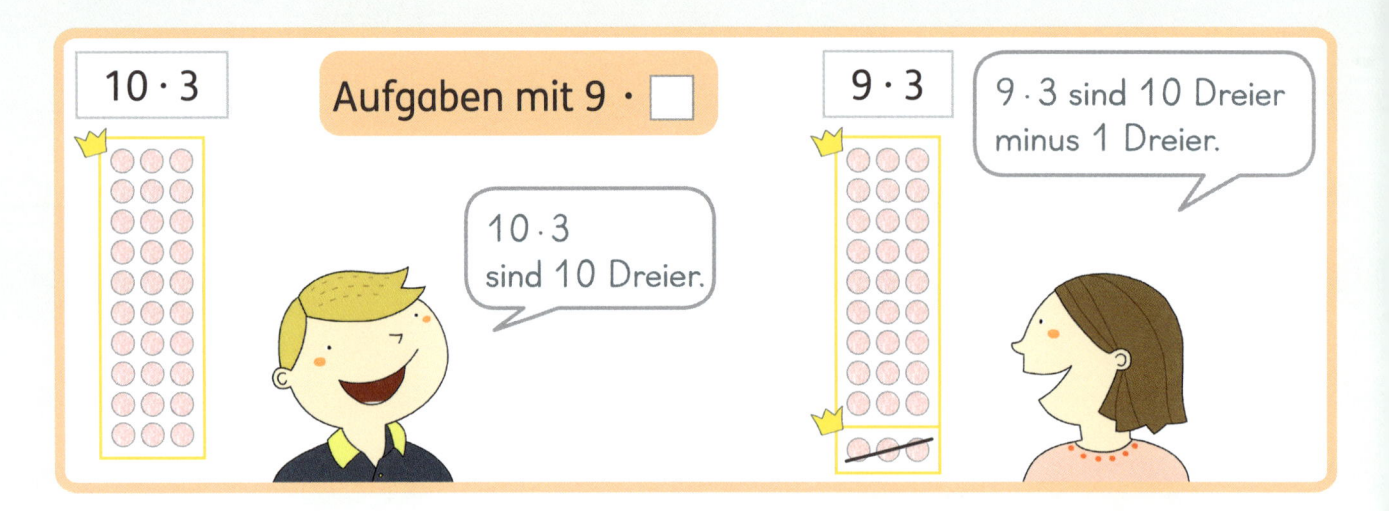

9 · 3

10 · 3   Aufgaben mit 9 · ☐   9 · 3

10 · 3 sind 10 Dreier.

9 · 3 sind 10 Dreier minus 1 Dreier.

69 Heft
Schreibe und male alle Aufgaben mit 9 · ☐ auf.

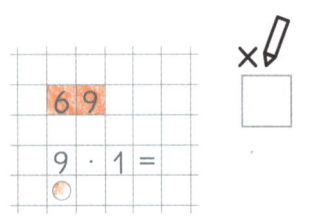

6·9
9 · 1 =

70 1·1 Tafel
Seite 151
Male eine Krone für die getauschten Königsaufgaben mit 9 · ☐.

71

9 · 3

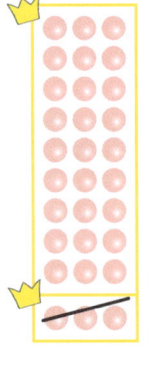

9 · 3 =
10 · 3 = 30
1 · 3 = 3
30 − 3 =

9 · 7

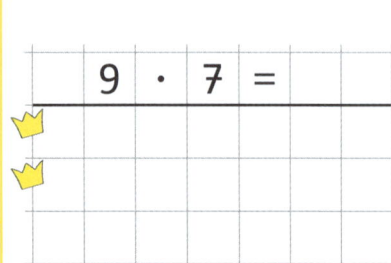

9 · 7 =

9 · 4

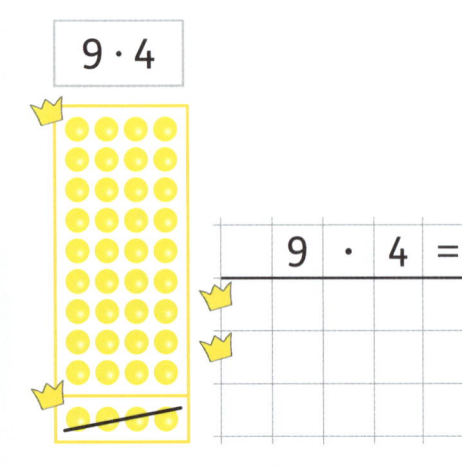

9 · 4 =

9 · 6

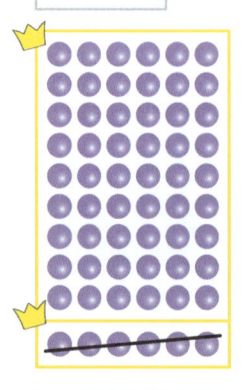

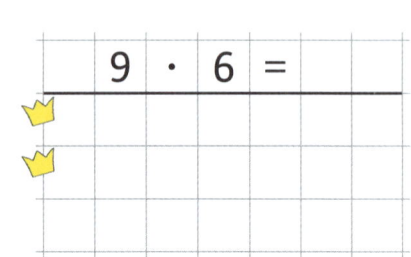

9 · 6 =

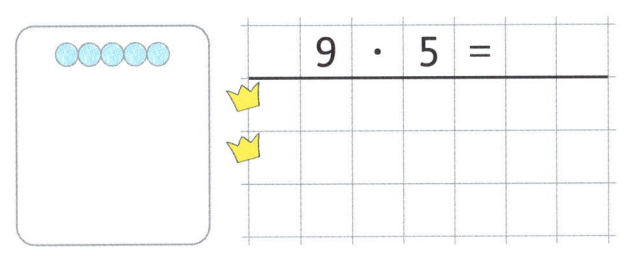

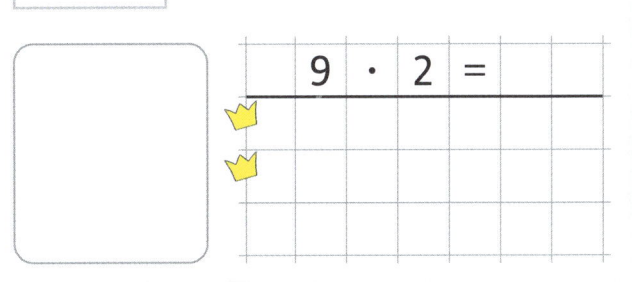

Malaufgaben
Von 10 · ☐ zu 9 · ☐

9 · 3 ☐

72

9 · 5   9 · 5 =   9 · 2   9 · 2 =

73

9 · 1 = 9
9 · 2 =
9 · 3 =
9 · 4 =
9 · 5 =

9 · 6 =
9 · 7 =
9 · 8 =
9 · 9 =
9 · 10 =

74 Karten
Von 10 · ☐ zu 9 · ☐ trainieren

75 Kartei
Aufgaben üben

76

6 · 4 = 24
3 · 2 =
9 · 7 =
6 · 5 =

7 · 3 =
2 · 8 =
5 · 4 =
9 · 2 =

10 · 9 =
7 · 5 =
3 · 6 =
8 · 1 =

9 · 3 =
7 · 2 =
5 · 9 =
6 · 9 =

7 · 4 =
5 · 8 =
6 · 7 =
2 · 8 =

6 · 6 =
9 · 4 =
7 · 9 =
5 · 6 =

☐ ☐→ Trainingsheft 2 S. 69

105

Malaufgaben
Von 10 · ☐ zu 8 · ☐

8 · 3

10 · 3 Aufgaben mit 8 · ☐ **8 · 3**

10 · 3 sind 10 Dreier.

8 · 3 sind 10 Dreier minus 2 Dreier.

77 Heft
Schreibe und male alle Aufgaben mit 8 · ☐ auf.

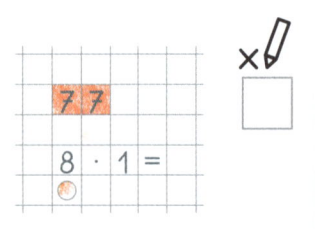

78 1 · 1 Tafel
Seite 151
Male eine Krone für die getauschten Königsaufgaben mit 8 · ☐.

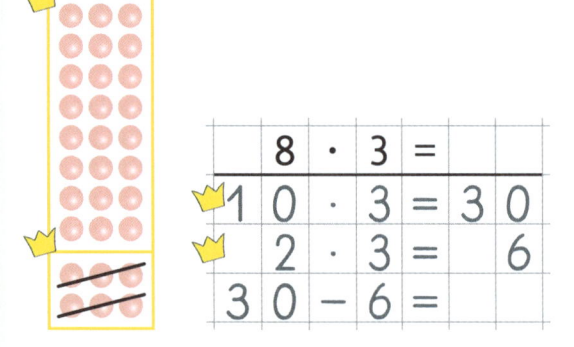

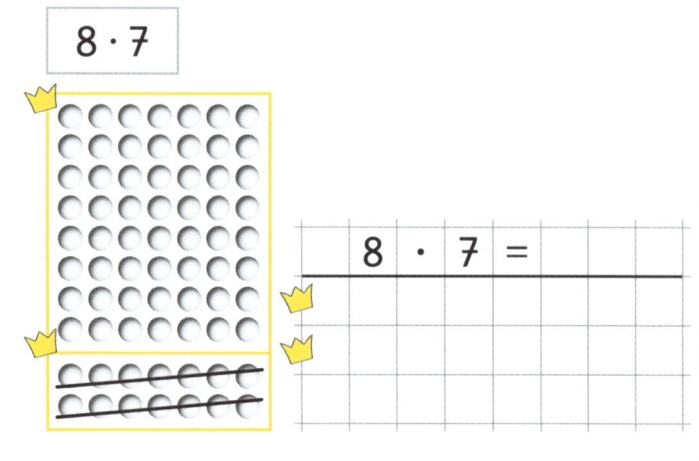

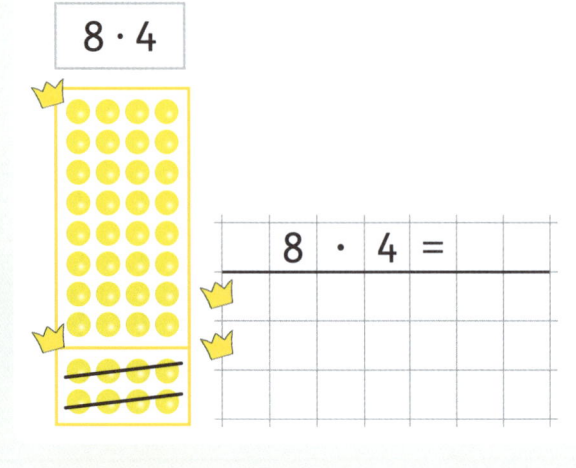

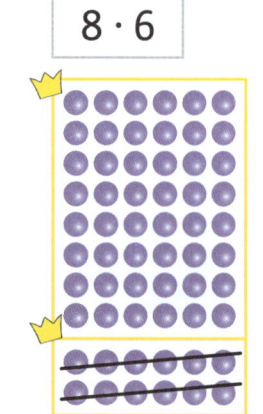

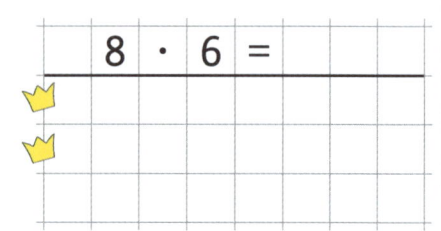

79

8 · 3

```
  8 · 3 =
1 0 · 3 = 3 0
  2 · 3 =   6
3 0 – 6 =
```

8 · 7

8 · 7 =

8 · 4

8 · 4 =

8 · 6

8 · 6 =

106 ☐ 📖 → Expertenheft 2 S. 31

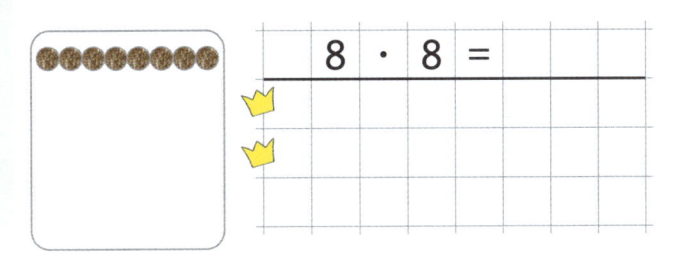

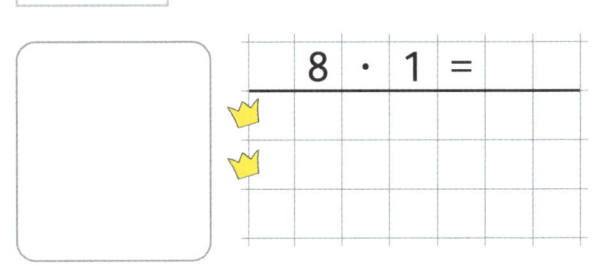

Malaufgaben
Von 10 · ☐ zu 8 · ☐

8 · 3

80

8 · 8

8 · 8 =

8 · 1

8 · 1 =

81

8 · 1 = 8
8 · 2 =
8 · 3 =
8 · 4 =
8 · 5 =

8 · 6 =
8 · 7 =
8 · 8 =
8 · 9 =
8 · 10 =

82 Karten
Von 10 · ☐ zu 8 · ☐ trainieren

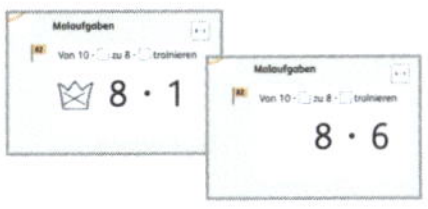

83 Spiel
Im Königreich

gespielt mit _____

84

1 · 7 = 7
6 · 8 =
9 · 5 =
3 · 2 =

9 · 6 =
8 · 4 =
2 · 7 =
8 · 8 =

8 · 3 =
5 · 4 =
2 · 9 =
7 · 6 =

9 · 9 =
6 · 4 =
5 · 8 =
7 · 10 =

7 · 7 =
8 · 6 =
2 · 3 =
3 · 10 =

9 · 3 =
6 · 5 =
9 · 7 =
7 · 4 =

→ Trainingsheft 2 S. 70

Malaufgaben
Von 5 · ☐ zu 4 · ☐

4 · 3

Aufgaben mit 4 · ☐

5 · 3 sind 5 Dreier.

5 · 3

4 · 3 sind 5 Dreier minus 1 Dreier.

4 · 3

85 Heft
Schreibe und male alle Aufgaben mit 4 · ☐ auf.

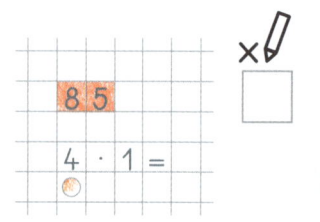

85
4 · 1 =

86 1 · 1 Tafel
Seite 151
Male eine Krone für die getauschten Königsaufgaben mit 4 · ☐.

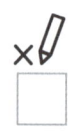

87

4 · 3

4 · 3 =
5 · 3 = 1 5
1 · 3 =   3
1 5 − 3 =

4 · 7

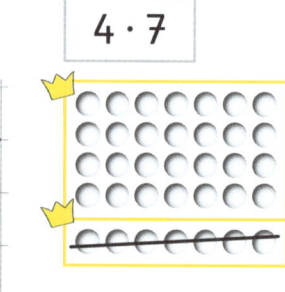

4 · 7 =

4 · 4

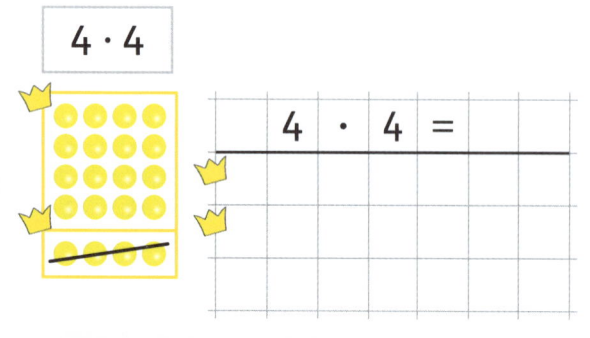

4 · 4 =

4 · 6

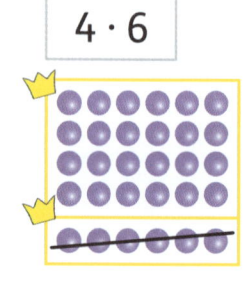

4 · 6 =

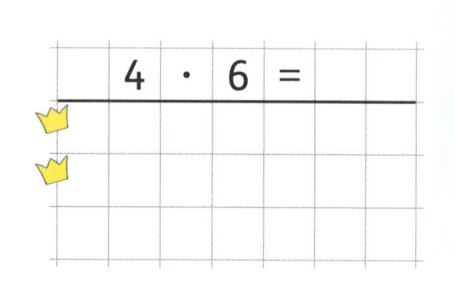

108 → **Expertenheft 2** S. 32

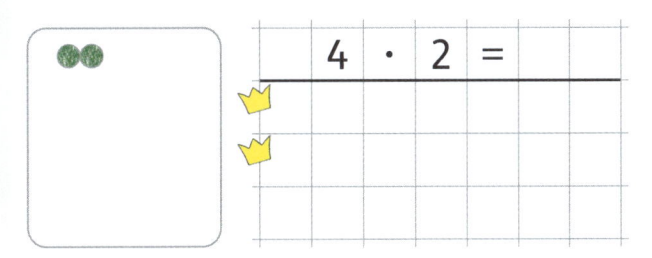

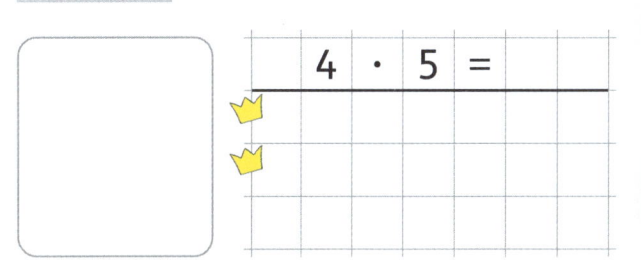

Malaufgaben
Von 5 · ☐ zu 4 · ☐

4 · 3

88

4 · 2

4 · 2 =

4 · 5

4 · 5 =

89

4 · 1 = 4
4 · 2 =
4 · 3 =
4 · 4 =
4 · 5 =

4 · 6 =
4 · 7 =
4 · 8 =
4 · 9 =
4 · 10 =

90 Karten
Von 5 · ☐ zu 4 · ☐ trainieren

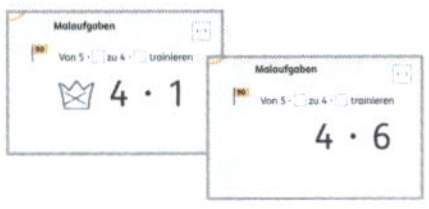

91 Spiel
Einmaleinswettlauf

gespielt mit _____

92

4 · 8 = 32
7 · 3 =
9 · 4 =
3 · 6 =

9 · 8 =
7 · 2 =
6 · 6 =
5 · 4 =

6 · 5 =
8 · 7 =
2 · 2 =
5 · 9 =

4 · 4 =
9 · 3 =
3 · 8 =
7 · 6 =

4 · 3 =
1 · 4 =
10 · 10 =
0 · 6 =

4 · 7 =
9 · 9 =
3 · 3 =
4 · 9 =

☐ ⮕ **Trainingsheft 2** S. 71/72
☐ ⮕ **Expertenheft 2** S. 33

Teilen
Verteilen

:

die Geteiltaufgabe — **verteilen**

Ich verteile 12 Bonbons gerecht an 3 Kinder.

Jedes Kind bekommt 4 Bonbons.

12 : 3 = 4

geteilt   gleich   das Ergebnis

93 Verteile 12 Bonbons gerecht an 2 Kinder.

Jedes Kind bekommt ☐ Bonbons.

12 : 2 = ☐

Verteile 15 Bonbons gerecht an 3 Kinder.

Jedes Kind bekommt ☐ Bonbons.

15 : 3 = ☐

Verteile 10 Birnen gerecht an 2 Kinder.

Jedes Kind bekommt ☐ Birnen.

10 : 2 = ☐

Verteile 8 Äpfel gerecht an 4 Kinder.

Jedes Kind bekommt ☐ Äpfel.

8 : 4 = ☐

→ **Trainingsheft 2** S. 73

Teilen
Aufteilen

:

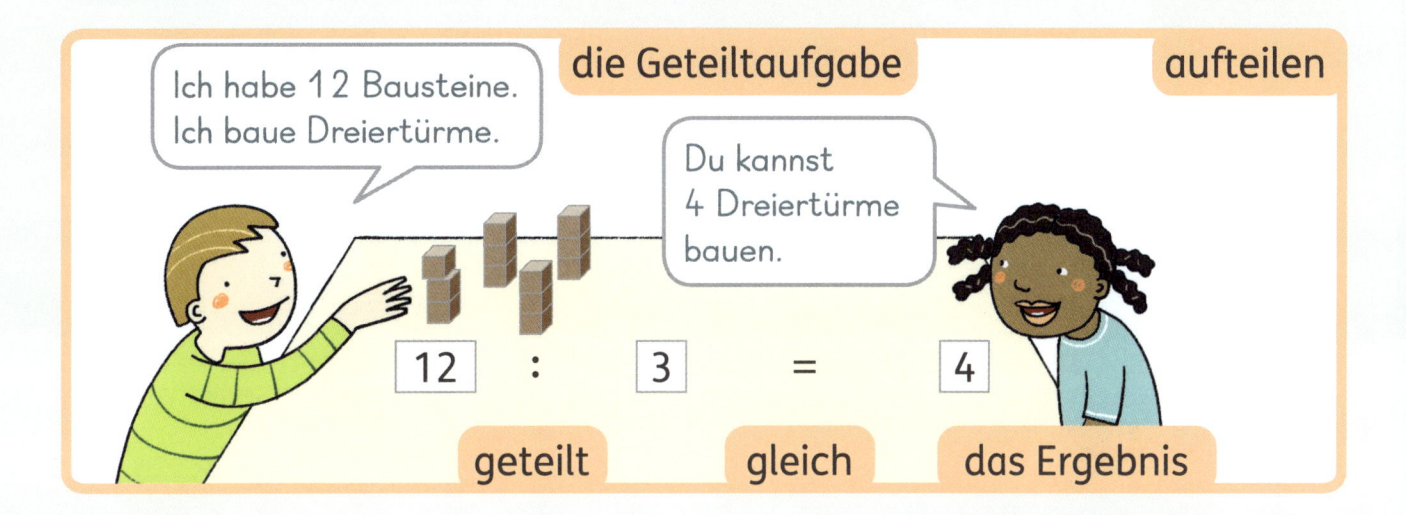

Ich habe 12 Bausteine.
Ich baue Dreiertürme.

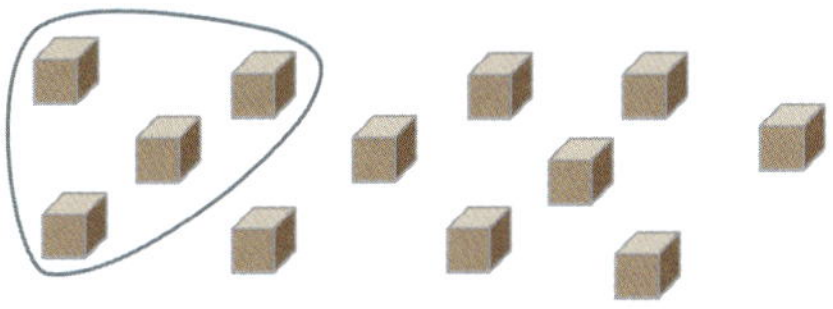

die Geteiltaufgabe

aufteilen

Du kannst 4 Dreiertürme bauen.

12 : 3 = 4

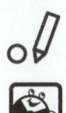

geteilt   gleich   das Ergebnis

94 Baue Viererturme.

Ich baue ☐ Viererturme.

12 : 4 = ☐

Baue Fünfertürme.

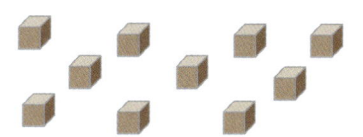

Ich baue ☐ Fünfertürme.

10 : 5 = ☐

Baue Sechsertürme.

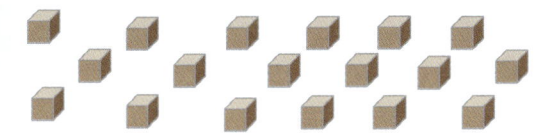

Ich baue ☐ Sechsertürme.

18 : 6 = ☐

Baue Fünfertürme.

Ich baue ☐ Fünfertürme.

15 : 5 = ☐

Baue Dreiertürme.

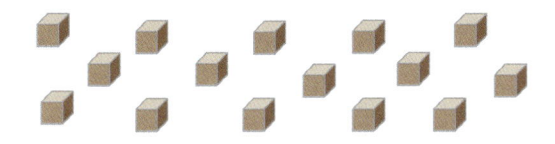

Ich baue ☐ Dreiertürme.

15 : 3 = ☐

Baue Sechsertürme.

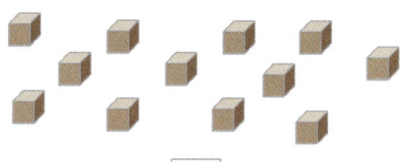

Ich baue ☐ Sechsertürme.

12 : 6 = ☐

→ Trainingsheft 2 S. 74

111

Teilen
Umkehraufgaben

12 : 3 = 4

der Rechentrick
die Umkehraufgabe

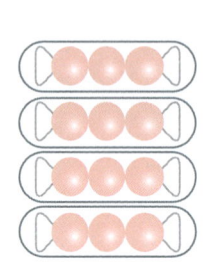

Ich überprüfe mit der Umkehraufgabe.
4 · 3 = 12

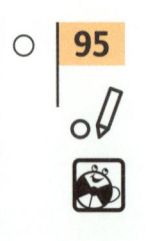

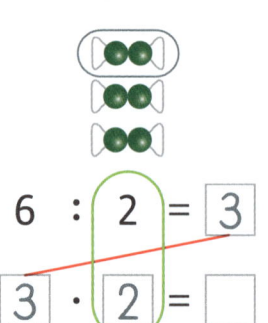

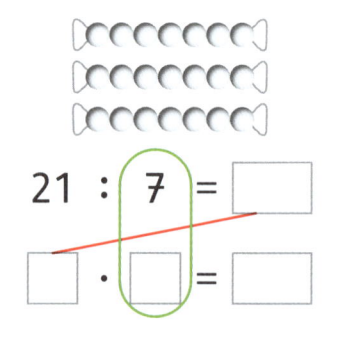

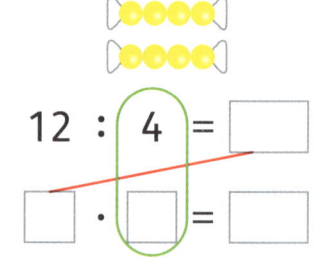

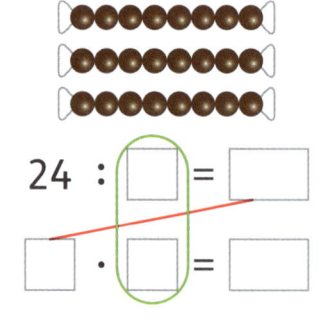

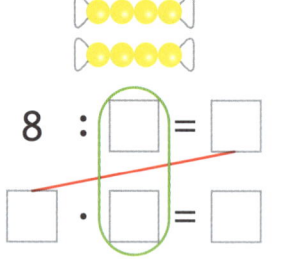

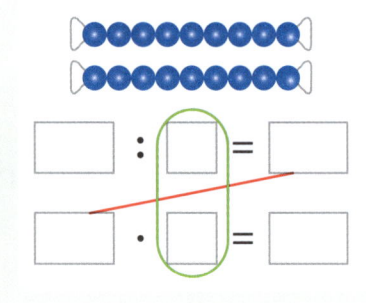

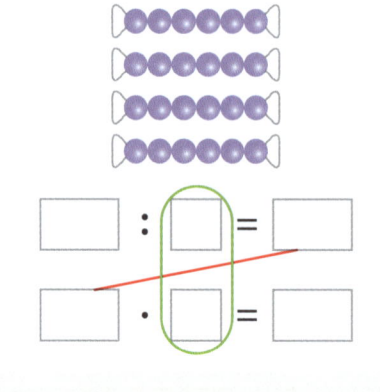

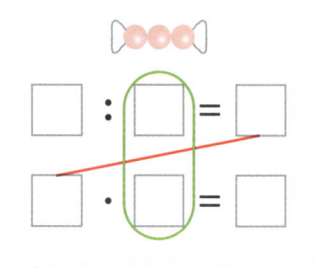

12 : 3 = 4
4 · 3 = 12

95

6 : 2 = 3
3 · 2 = ☐

21 : 7 = ☐
☐ · ☐ = ☐

12 : 4 = ☐
☐ · ☐ = ☐

20 : ☐ = ☐
☐ · ☐ = ☐

24 : ☐ = ☐
☐ · ☐ = ☐

8 : ☐ = ☐
☐ · ☐ = ☐

☐ : ☐ = ☐
☐ · ☐ = ☐

☐ : ☐ = ☐
☐ · ☐ = ☐

☐ : ☐ = ☐
☐ · ☐ = ☐

Teilen
Aufgabenteams

das Aufgabenteam

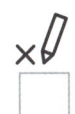

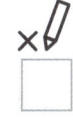

3 · 4 = 12
4 · 3 = 12
12 : 4 = 3
12 : 3 = 4

96

2 4 8

2 · 4 = 8
4 · 2 =
8 : 4 =
8 : 2 =

3 5 15

3 · 5 =
5 · 3 =
15 : 5 =
15 : 3 =

4 9 36

4 · 9 =
9 · 4 =
36 : 9 =
36 : 4 =

97

10 3 ☐

10 · ☐ = ☐
☐ · ☐ = ☐
☐ : ☐ = ☐
☐ : ☐ = ☐

3 8 ☐

☐ · ☐ = ☐
☐ · ☐ = ☐
☐ : ☐ = ☐
☐ : ☐ = ☐

4 7 ☐

☐ · ☐ = ☐
☐ · ☐ = ☐
☐ : ☐ = ☐
☐ : ☐ = ☐

98 Kartei Aufgabenteams bilden

99 Kartei Geteilt trainieren

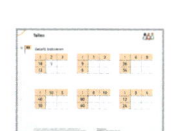

→ Trainingsheft 2 S. 76
→ Expertenheft 2 S. 34

113

Teilen
Teilen mit Rest

die Geteiltaufgabe

Ich verteile 13 Karten gerecht an 3 Kinder.

13 : 3 = 4 R 1

der Rest

Jedes Kind bekommt 4 Karten. Eine Karte bleibt übrig.
13 : 3 = 4 Rest 1

100 Verteile 15 Karten an 4 Kinder.

Jedes Kind bekommt ☐ Karten.
☐ Karten bleiben übrig.
15 : 4 = ☐ R ☐

Verteile 21 Karten an 2 Kinder.

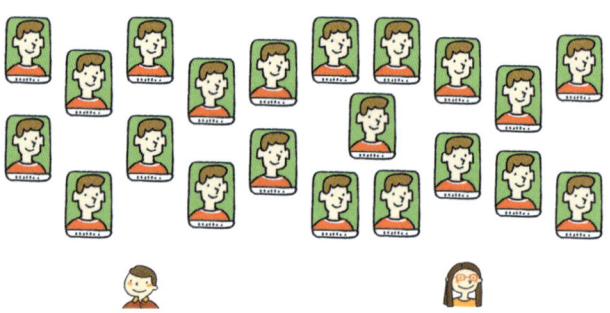

Jedes Kind bekommt ☐ Karten. ☐ Karte bleibt übrig.
21 : 2 = ☐ R ☐

101

22 : 5 = 4 R 2   35 : 4 = ☐ R ☐   26 : 6 = ☐ R ☐
13 : 2 = ☐ R ☐   21 : 8 = ☐ R ☐   31 : 3 = ☐ R ☐
47 : 10 = ☐ R ☐   46 : 7 = ☐ R ☐   40 : 9 = ☐ R ☐

102 Spiel
In der Burgruine

👥 gespielt mit _____

103 Kartei
Aufgaben mit Rest rechnen

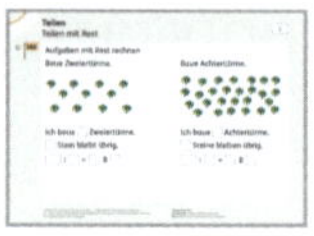

Mal und geteilt
Ungleichungen

die Ungleichung

4 · 3 < 13

4 · 3 = 12

4 · 3 ist kleiner als 13.

> größer als
< kleiner als

104 > <

6 · 8 < 60
9 · 3 ◯ 28
4 · 5 ◯ 15

3 · 4 ◯ 10
8 · 7 ◯ 57
7 · 6 ◯ 38

35 : 5 ◯ 9
32 : 4 ◯ 6
49 : 7 ◯ 8

105 Setze die Zahlen passend ein.

6 ~~3~~ 4

9 · 3 < 28
6 · ☐ < 37
28 : ☐ < 8

5 6 9

4 · ☐ > 23
90 : ☐ > 9
4 · ☐ > 18

8 9 7

63 : ☐ < 8
8 · ☐ < 68
7 · ☐ < 54

106 Kreise alle passenden Zahlen ein.

5 · ☐ < 20

(1) 2 3 4 5 6 7 8 9 10

8 · ☐ > 70

1 2 3 4 5 6 7 8 9 10

12 : ☐ > 1

1 2 3 4 5 6 7 8 9 10

20 : ☐ < 10

1 2 3 4 5 6 7 8 9 10

→ Trainingsheft 2 S. 78

Mal und geteilt
Sachaufgaben

107 Wie viel hat Tim für 6 Beutel Murmeln bezahlt?

Lösung: 6 ·

Antwort: _____

108 Wie viele Murmeln hat Tim?

Lösung:

Antwort: _____

109 Tim schenkt die Hälfte der Murmeln seiner Schwester.

Frage: _____

Lösung:

Antwort: _____

110 An wie viele Kinder kann Tim seine Murmeln gerecht verteilen?
Finde verschiedene Möglichkeiten.

Lösung:

Antwort: _____

→ **Trainingsheft 2** S. 79
→ **Expertenheft 2** S. 35

Selbsteinschätzung
Mal und geteilt

Datum:

	Ich kann zu Bildern passende Plus- und Malaufgaben finden.	☐☐☐	☐☐☐
	Ich kann Königsaufgaben am Hunderterfeld ablesen und malen.	☐☐☐	☐☐☐
	Ich kenne die Königsaufgaben auswendig.	☐☐☐	☐☐☐
	Ich nutze den Rechentrick Tauschaufgaben.	☐☐☐	☐☐☐
3·3	Ich kann mit Hilfe der Königsaufgaben schwierige Malaufgaben rechnen.	☐☐☐	☐☐☐
:	Ich kann teilen.	☐☐☐	☐☐☐
	Ich kann Umkehraufgaben bilden.	☐☐☐	☐☐☐
	Ich kann Aufgabenteams bilden.	☐☐☐	☐☐☐
:	Ich kann mit Rest teilen.	☐☐☐	☐☐☐
>	Ich kann Ungleichungen lösen.	☐☐☐	☐☐☐

Das muss ich noch üben:

Unterschrift Kind:

Unterschrift Lehrkraft:

Unterschrift Eltern:

→ **Expertenheft 2** S. 36/37

Teste dich!

Geobrett

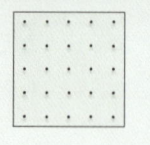

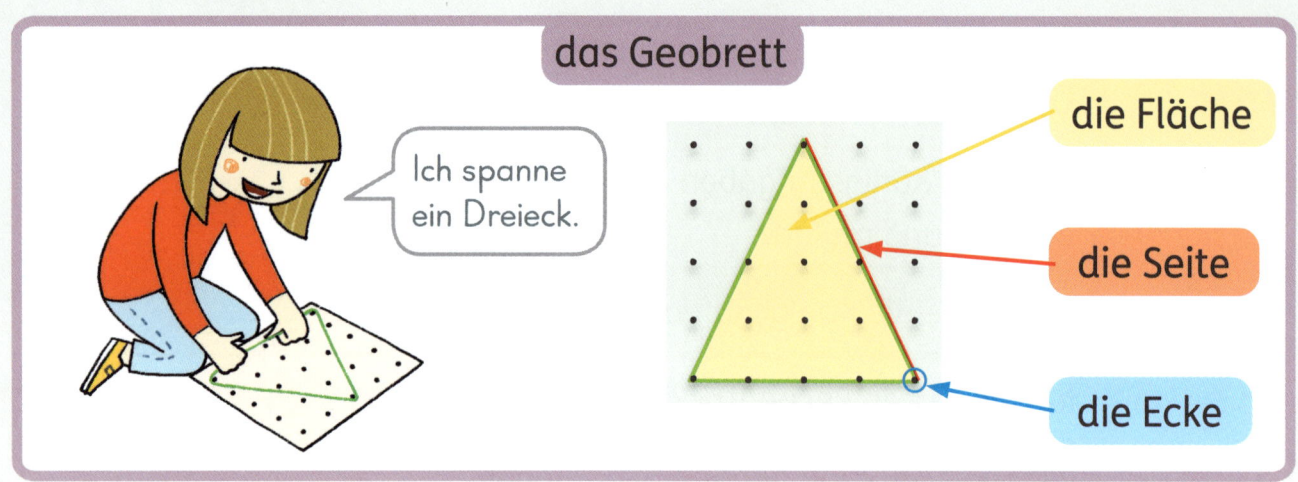

das Geobrett

Ich spanne ein Dreieck.

die Fläche
die Seite
die Ecke

1 Spanne auf dem Geobrett Dreiecke, Quadrate und Rechtecke. Zeichne.

2 Spanne die Figuren nach. Zähle Ecken und Seiten.

Ecken 6   Ecken ☐   Ecken ☐   Ecken ☐
Seiten ☐   Seiten ☐   Seiten ☐   Seiten ☐

Geobrett

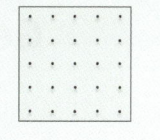

Ich habe die Figur symmetrisch ergänzt. Die Symmetrieachse teilt die Figur in 2 gleiche Hälften.

die Figur

Ich kontrolliere mit dem Spiegel.

die Symmetrieachse

3 Ergänze symmetrisch. Spanne. Zeichne. Kontrolliere mit dem Spiegel.

4 Zeichne die Symmetrieachse ein. Manchmal gibt es mehrere Symmetrieachsen. Kontrolliere mit dem Spiegel.

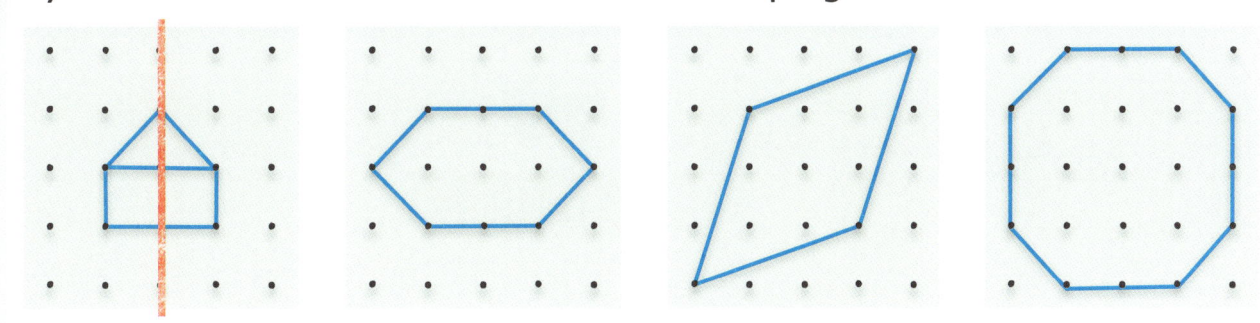

5 Kartei Symmetrisch ergänzen

6 Karten Buchstaben am Geobrett

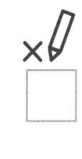

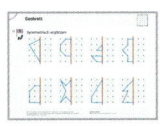

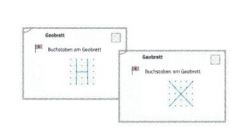

→ Trainingsheft 2 S. 80

Geometrische Körper

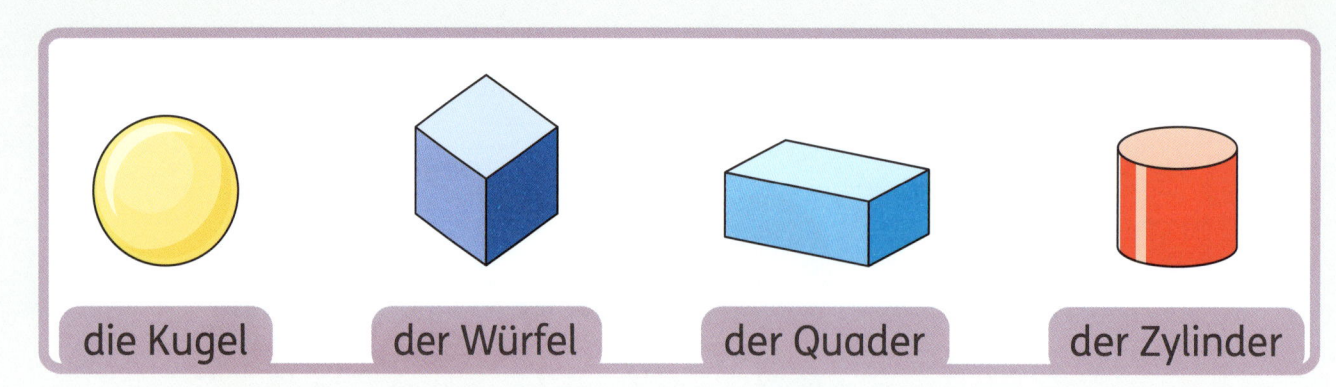

| die Kugel | der Würfel | der Quader | der Zylinder |

7

die Kugel

der Würfel

der Quader

der Zylinder

Murmel

Geometrische Körper

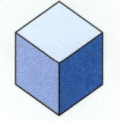

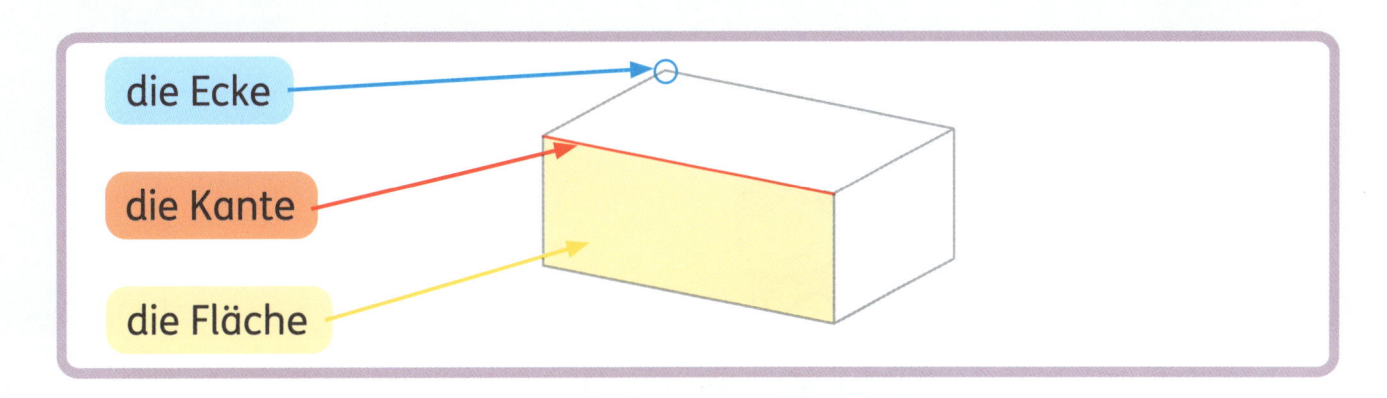

die Ecke
die Kante
die Fläche

8 Forme die Körper aus Knete.
Zeige an deinen Modellen die Ecken, Kanten und Flächen.

9 Markiere alle Ecken blau, alle Kanten rot und alle Flächen gelb.

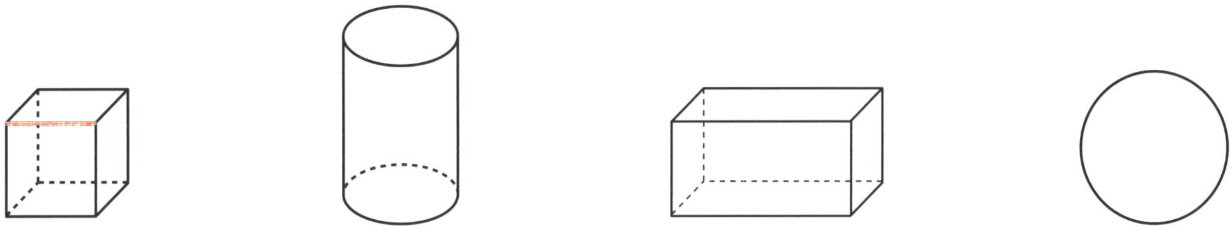

10

	Ecken	Kanten	Flächen
Würfel	8		
Quader			
Kugel			
Zylinder			

11 Heft
Beschreibe alle 4 Körper.

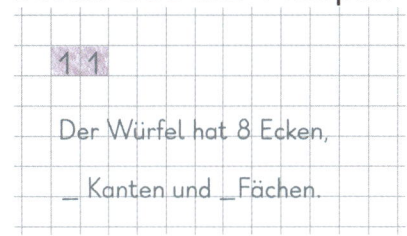

Der Würfel hat 8 Ecken,
_ Kanten und _ Fächen.

12
Mein Körper hat 8 Ecken und 6 Flächen.
Alle Kanten sind gleich lang.

Dein Körper ist ein …

→ Trainingsheft 2 S. 81   4.1 Medienproduktion und Präsentation

Würfelgebäude

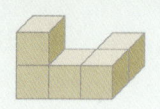

das Würfelgebäude

> Mein Würfelgebäude besteht aus 8 Würfeln. Ich baue Fläche an Fläche.

13 Baue eigene Würfelgebäude aus 10 Würfeln. Präsentiere.
Lass dein Partnerkind dein Lieblingsgebäude nachbauen.

14 Wie viele Würfel sind es? Baue nach und zähle.

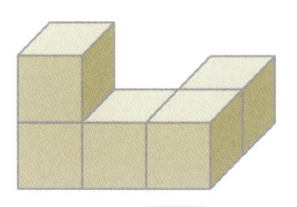

Es sind 5 Würfel. 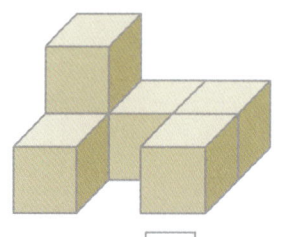   Es sind ☐ Würfel.    Es sind ☐ Würfel.

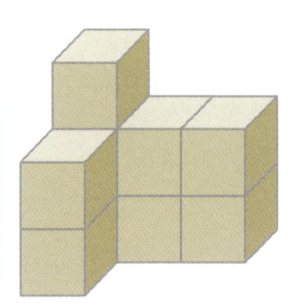

Es sind ☐ Würfel. 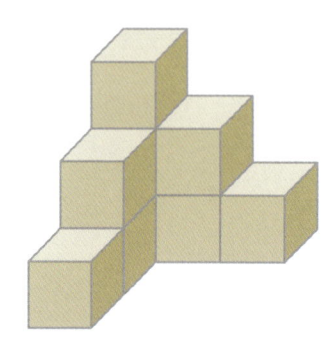   Es sind ☐ Würfel. 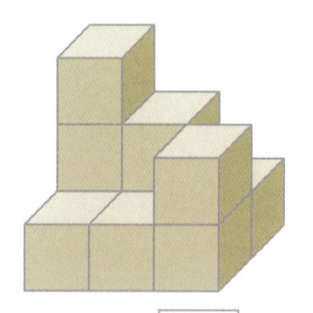   Es sind ☐ Würfel.

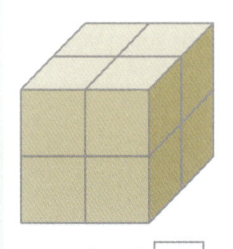

Es sind ☐ Würfel. 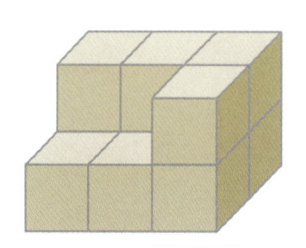   Es sind ☐ Würfel. 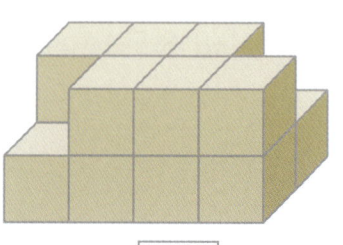   Es sind ☐ Würfel.

Trainingsheft 2 S. 82   4.1 Medienproduktion und Präsentation

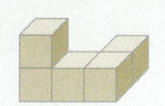

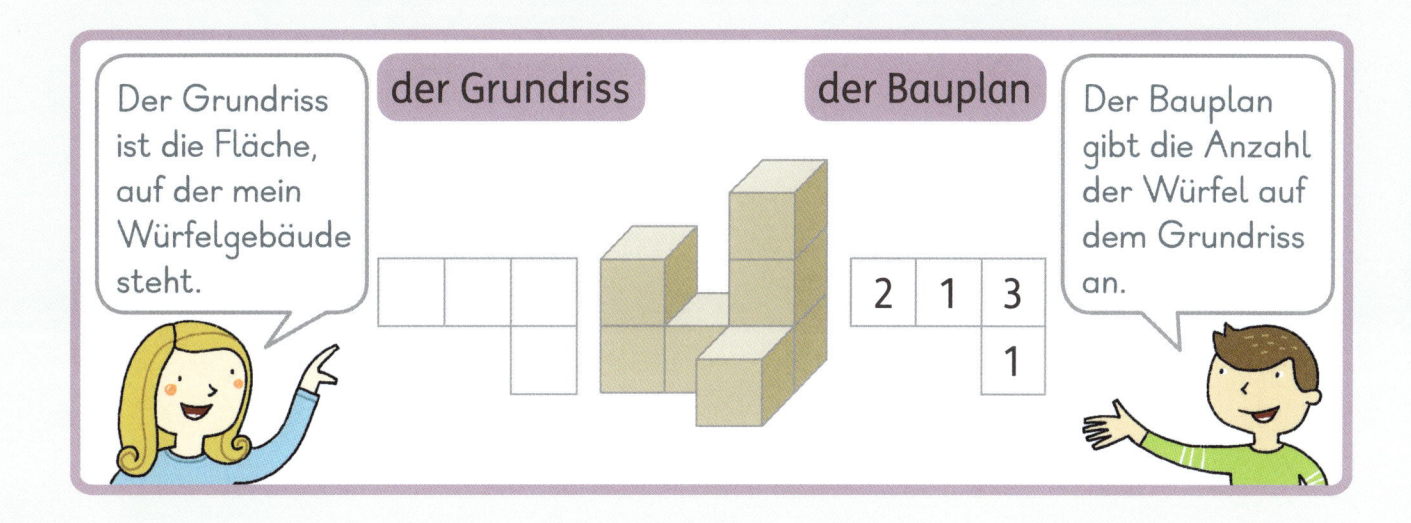

Würfelgebäude

der Grundriss **der Bauplan**

Der Grundriss ist die Fläche, auf der mein Würfelgebäude steht.

2	1	3
		1

Der Bauplan gibt die Anzahl der Würfel auf dem Grundriss an.

15 Baue nach. Schreibe die Baupläne.

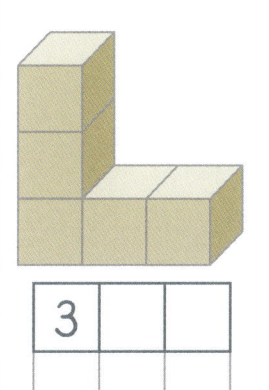

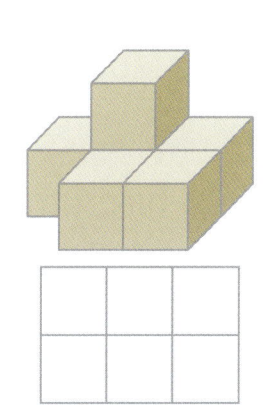

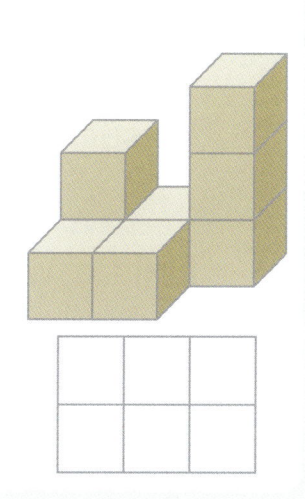

3		

16 Baue nach. Erkläre deine Würfelgebäude mit Hilfe der Baupläne.

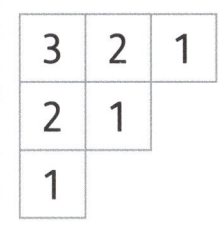

3	2	1
2	1	
1		

2	2	2
	3	
2	2	1

3	1	3	1
2		2	
1		1	

17 Karten Würfelgebäude bauen

18 Kartei Würfelgebäude bauen

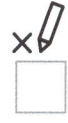

→ **Trainingsheft 2** S. 82
→ **Expertenheft 2** S. 38

MK 3.1 Kommunikations- und Kooperationsprozesse

Würfelgebäude
Kombinatorik

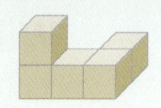

die Möglichkeiten

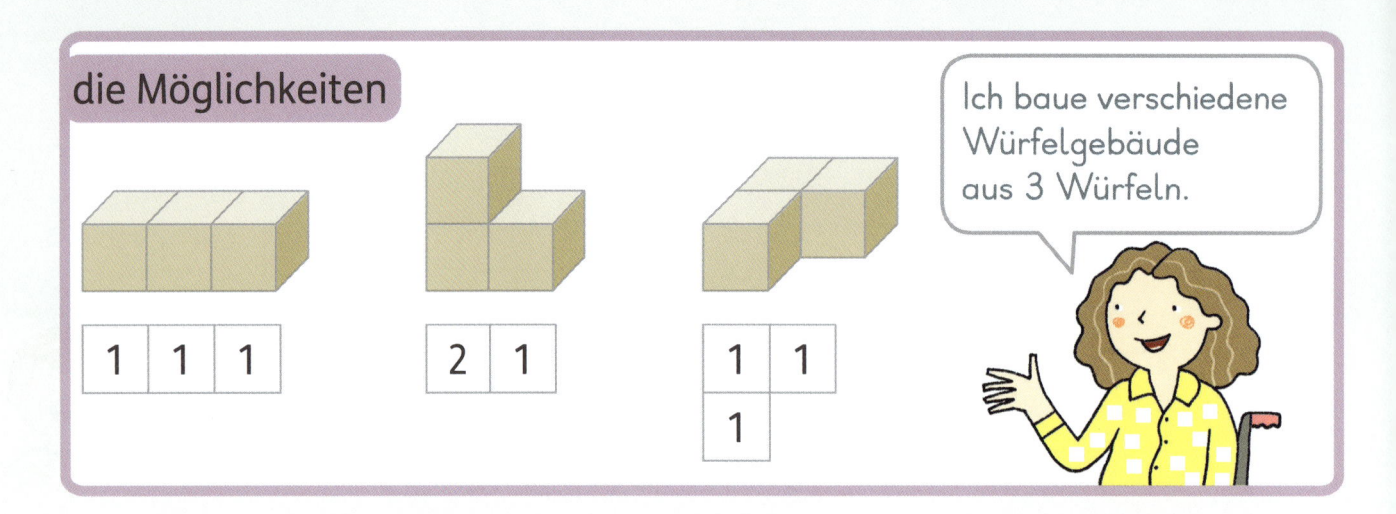

| 1 | 1 | 1 |

| 2 | 1 |

| 1 | 1 |
| 1 | |

Ich baue verschiedene Würfelgebäude aus 3 Würfeln.

19 Baue Würfelgebäude aus 4 Würfeln.
Schreibe jeden Bauplan auf einen einzelnen Zettel.
Versuche, viele verschiedene Möglichkeiten zu finden.

| 1 | 1 | 1 | | | 1 | 1 | 2 |
| | | 1 | | | | | |

20 Erkläre, wie du vorgegangen bist, um möglichst viele verschiedene Würfelgebäude mit 4 Würfeln zu finden.

_____
_____
_____
_____

21 Vergleicht eure Baupläne. Sortiert gleiche Baupläne aus.
Wie viele verschiedene Baupläne habt ihr gefunden? _____
Habt ihr alle Möglichkeiten gefunden? _____

22 **Heft**
Baue Würfelgebäude aus 5 Würfeln.
Schreibe die Baupläne.
Versuche, viele verschiedene Möglichkeiten zu finden.

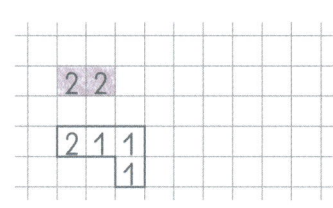

	2	2	
2	1	1	
		1	

Würfelgebäude
Ansichten

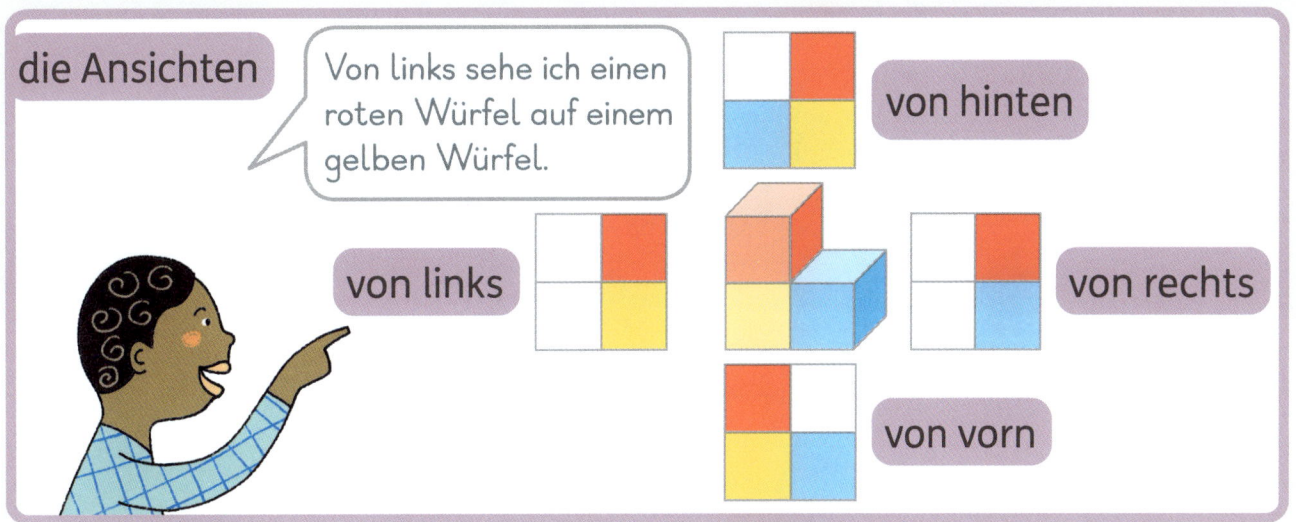

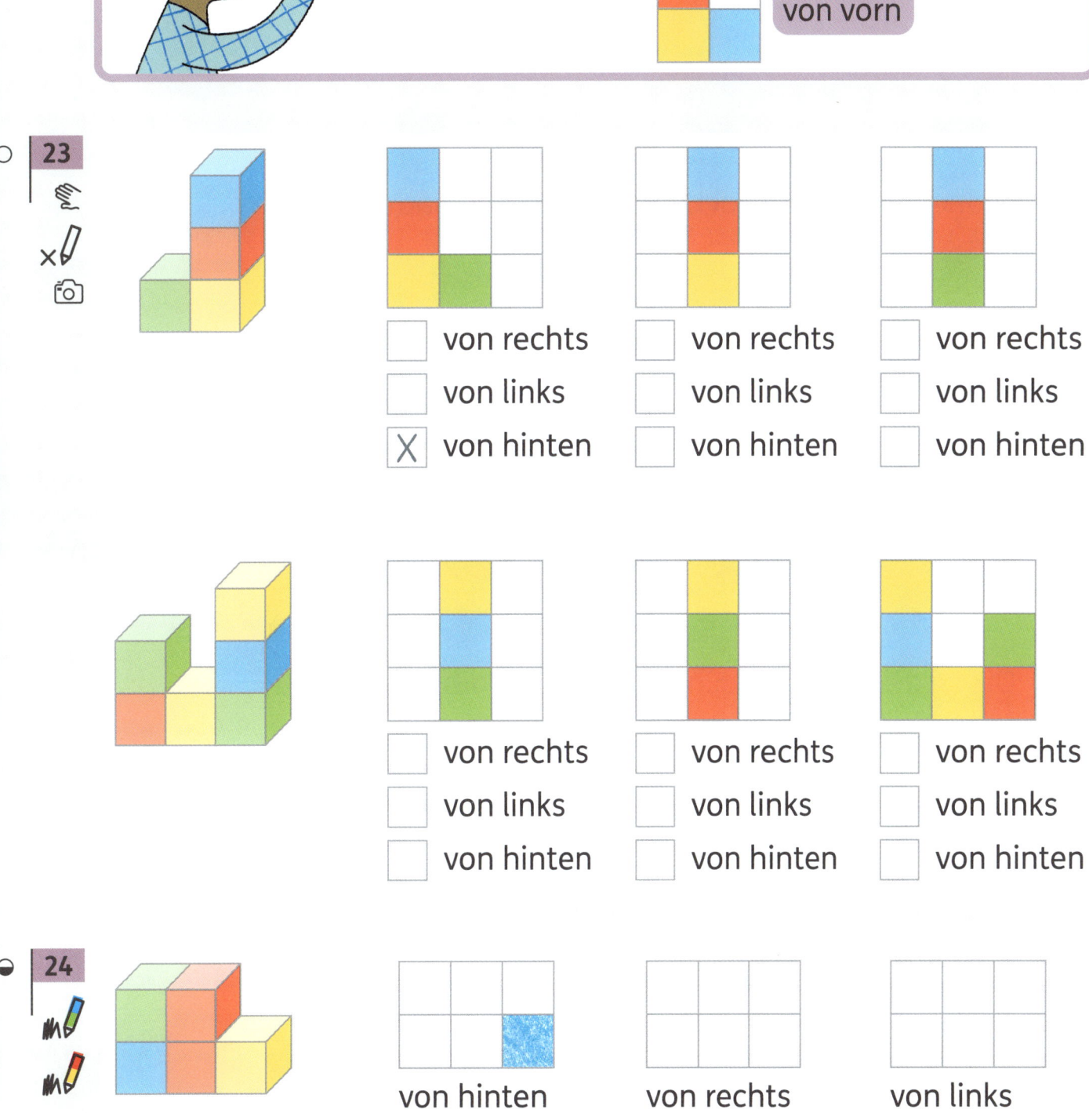

die Ansichten

"Von links sehe ich einen roten Würfel auf einem gelben Würfel."

von hinten

von links

von rechts

von vorn

23

☐ von rechts
☐ von links
☒ von hinten

☐ von rechts
☐ von links
☐ von hinten

☐ von rechts
☐ von links
☐ von hinten

☐ von rechts
☐ von links
☐ von hinten

☐ von rechts
☐ von links
☐ von hinten

☐ von rechts
☐ von links
☐ von hinten

24

von hinten

von rechts

von links

→ **Trainingsheft 2** S. 83
→ **Expertenheft 2** S. 39

125

Geld

der Cent			der Euro
die Münze	1 Euro = 100 Cent 1 € = 100 ct		der Schein

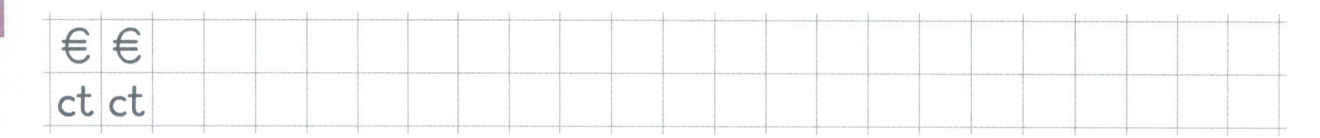

25

€	€											
ct	ct											

26 Ordne die Münzen nach ihrem Wert. Verbinde.

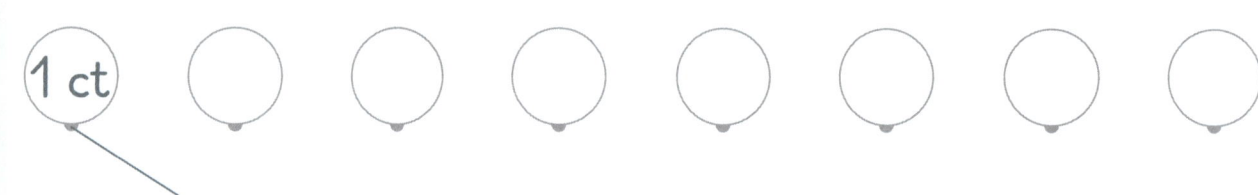

1 ct

27 Ordne die Scheine nach ihrem Wert. Verbinde.

5 €

Geld

28

100 ct

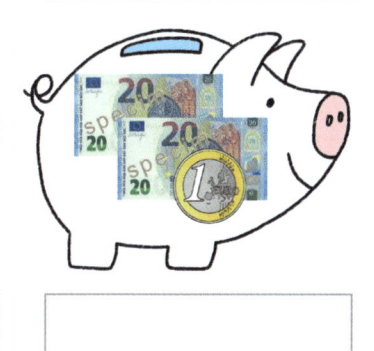

29 > = <

10 ct < 10 €
62 ct ◯ 64 ct
83 ct ◯ 3 €
12 ct ◯ 12 ct

25 € ◯ 25 ct
13 ct ◯ 30 ct
100 ct ◯ 1 €
50 € ◯ 50 ct

3 € ◯ 30 €
25 ct ◯ 21 ct
1 € ◯ 50 ct
74 ct ◯ 73 ct

30 Karten
Geldbeträge bestimmen

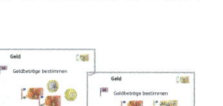

31 Karten
Geldbeträge legen

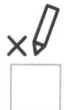

→ Trainingsheft 2 S. 84

Geld

"Der Basketball kostet 3 € 50 ct."

32

🐸 ✈️	12 € + 8 € 50 ct = 20 € 50 ct	20 € / 50 ct
🛴 🏰		
👟 ✈️		
🚲 🐸		
🛴 🎯		
🚗 🛴		
🚗 🏀		
👟 🏰 🐸		

Geld

33

Ich kaufe:	Preis:	Ich gebe:	Ich bekomme zurück:
 (Roller)	52 €	 50 € + 10 €	5 € 1 € 2 €
 (Burg)		 50 €	
 (Fahrrad)		 100 €	
 (Auto)		 50 €	
 (Basketball)		 10 €	
		 100 €	
		 50 €	
		 50 € + 20 €	

34 Heft
Du zahlst mit 50 €. Denke dir Preise aus. Berechne das Rückgeld.

50 € − 12 € = ___ €

35 Spiel Einkaufen

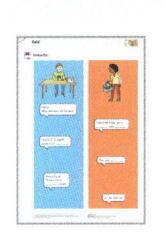

gespielt mit ___

→ Trainingsheft 2 S. 85   2.1 Informationsrecherche

Geld

36 Bezahle mit möglichst wenig Scheinen und Münzen.

50 €		
73 €	62 €	38 €

56 €	49 €	84 €

37 Finde verschiedene Möglichkeiten 1 € zu legen. Zeichne.

1 € | 1 €
_____

1 €
_____

1 €
_____

1 €
_____

Versuche, alle Möglichkeiten zu finden. Präsentiere.

38 **Kartei**
Geldbeträge malen

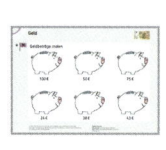

39 **Heft**
Male auf, wie du 50 € mit Scheinen bezahlen kannst.

39
50 €
20 € 20 € 10 €

→ Expertenheft 2 S. 40

Geld

40 Iman kauft eine Schere, einen Bleistift und ein Lineal.

Frage: _____

Lösung: | 1 | € | 2 | 0 | ct | + |

Antwort: _____

Murat kauft mit einem 5 €-Schein ein. Er bekommt 1 € zurück.

Frage: _____

Lösung:

Antwort: _____

41 Heft
Was würdest du für genau 3 € am Schulkiosk kaufen?

42 Heft
1 € 20 ct + 5 €
Erfinde zur Rechnung eine passende Sachaufgabe.

Längen

die Körpermaße messen

- die Schrittlänge
- die Fußlänge
- die Handspanne
- die Daumenbreite

43 Miss mit deinen Körpermaßen. Wähle ein geeignetes Maß aus.

Gegenstand	Körpermaß	gemessen
(Tisch)	Handspanne	11 Handspannen
(Buch)		
(Stift)		
(Mäppchen)		
(Flur)		

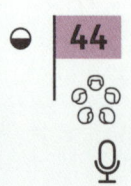

44 Miss die Länge des Schulhofs in Schritten.

Unser Schulhof ist ____ Schritte lang.

Vergleicht eure Messergebnisse. Was fällt euch auf? Erklärt.

Längen

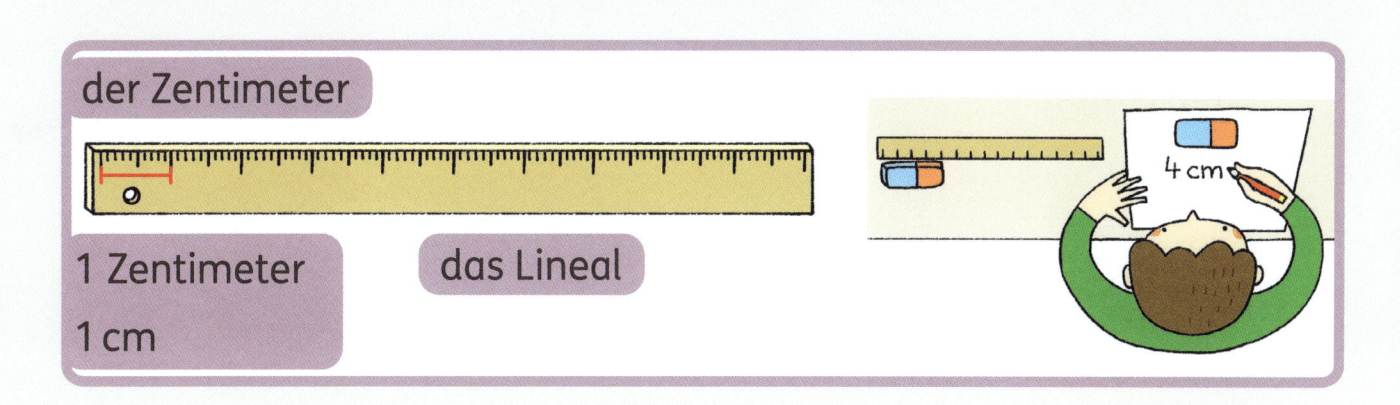

der Zentimeter

1 Zentimeter
1 cm

das Lineal

45 Miss mit dem Lineal verschiedene Dinge in deinem Klassenraum.

kürzer als 1 cm	genau 1 cm	zwischen 1 cm und 2 cm
	Steckwürfel	

46 Schätze zuerst. Miss dann mit dem Lineal.

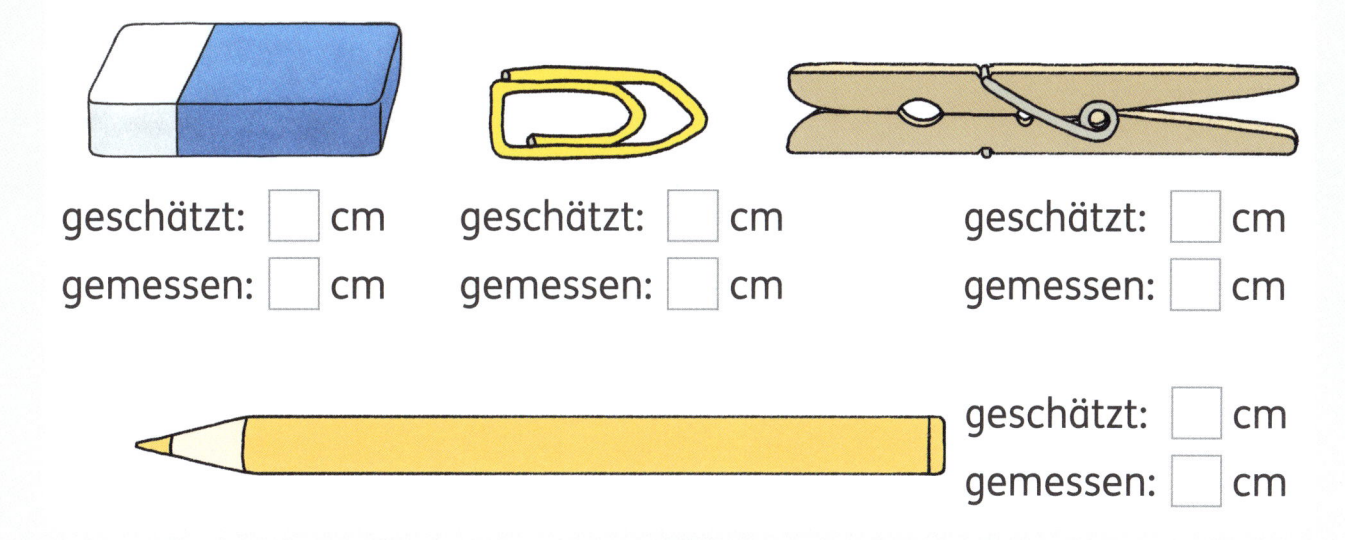

geschätzt: ☐ cm   geschätzt: ☐ cm   geschätzt: ☐ cm
gemessen: ☐ cm   gemessen: ☐ cm   gemessen: ☐ cm

geschätzt: ☐ cm
gemessen: ☐ cm

47 Heft
Zeichne mit dem Lineal
Linien:
3 cm, 1 cm,
5 cm, 8 cm,
4 cm, 10 cm

48 Kartei
Linien messen und
zeichnen

→ **Trainingsheft 2** S. 87
→ **Expertenheft 2** S. 41

MK 4.1 Medienproduktion und Präsentation

Längen

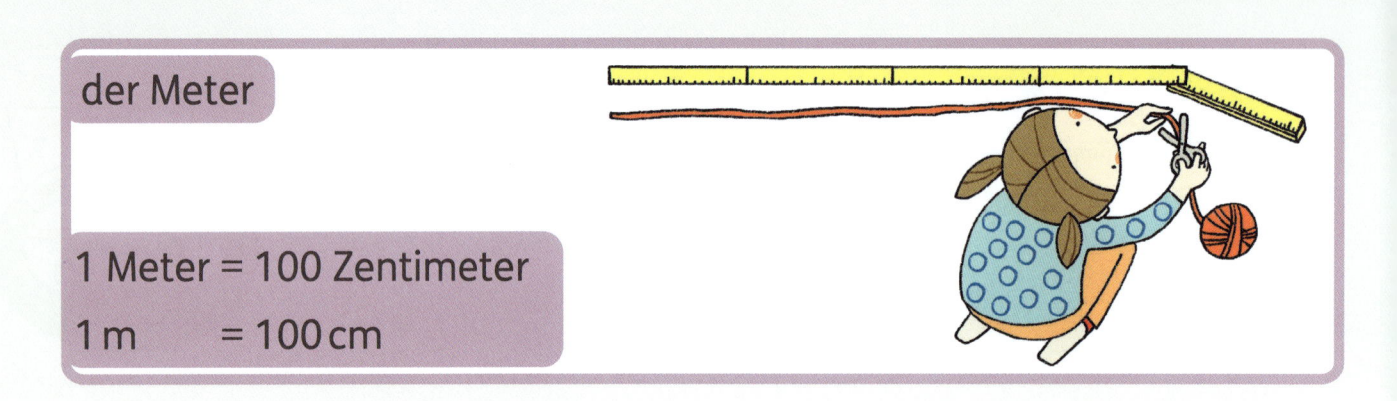

> **der Meter**
>
> 1 Meter = 100 Zentimeter
> 1 m = 100 cm

49 Stellt einen Meterfaden her.

Schätzt oder messt mit dem Meterfaden verschiedene Dinge in eurem Klassenraum.

kürzer als 1 Meter	genau 1 Meter	zwischen 1 Meter und 2 Meter
	Türbreite	

Längen

1 m 24 cm

1 m

Du bist 1 m und 24 cm groß.

die Körpergröße

50 Wie groß bist du? Schreibe in Meter und Zentimeter.

☐ m   ☐ cm

51 Wie groß sind andere Kinder aus deiner Klasse?
Miss. Schreibe den Namen und die Körpergröße auf.

_____   _____   _____   _____
☐ m ☐ cm   ☐ m ☐ cm   ☐ m ☐ cm   ☐ m ☐ cm

52 Ordne die Körpergrößen der anderen Kinder der Länge nach.
Wer ist am größten? _____
Wer ist am kleinsten? _____

Vergleicht und ordnet die Körpergrößen aller Kinder deiner Klasse der Länge nach.

53

Wie groß sind:	geschätzt		gemessen	
deine Lehrerin oder dein Lehrer?	m	cm	m	cm
3 Kinder, die hintereinander auf dem Boden liegen?	m	cm	m	cm
ein weiter Sprung ohne Anlauf?	m	cm	m	cm

→ Trainingsheft 2 S. 88   MK 4.1 Medienproduktion und Präsentation

Längen

54 Was stimmt? Kreuze an.

Julia	Max	Hanifa	Younes
1 m 22 cm	1 m 31 cm	1 m 32 cm	1 m 36 cm

- [X] Hanifa ist größer als Julia.
- [ ] Max ist am größten.
- [ ] Julia ist 10 cm kleiner als Hanifa.
- [ ] Max und Julia sind zusammen 2 m 53 cm groß.
- [ ] Julia ist am kleinsten.
- [ ] Younes ist der Größte.
- [ ] Max ist 1 cm größer als Hanifa.

55

32 cm + 14 cm = 46 cm
58 cm + 42 cm =
64 cm + 13 cm =
43 cm + 25 cm =

1 m − 30 cm = 70 cm
1 m − 70 cm =
1 m − 80 cm =
1 m − 50 cm =

56

72 cm + 28 cm = 1 m
19 cm + ☐ = 1 m
27 cm + ☐ = 1 m

91 cm + ☐ = 1 m
38 cm + ☐ = 1 m
83 cm + ☐ = 1 m

57 Kartei — Mit Längen rechnen

58 Spiel — Auf dem Maßband

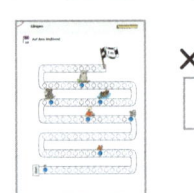

gespielt mit _____

Trainingsheft 2 S. 89

Längen

Das kleinste Tier macht den kürzesten Sprung.
Das Tier mit dem Beutel springt am weitesten.
Der Grashüpfer springt nicht so weit wie der Tiger.
Der Grashüpfer springt weiter als der Frosch.
Der Weltrekord im Weitsprung beim Menschen liegt bei fast 9 Metern.

der Mensch

der Floh   der Frosch   das Känguru   der Tiger   der Grashüpfer

59 Wer kann wie weit springen?

| 1 m | 13 m | 2 m | 5 m | 60 cm | 8 m 90 cm |

60 Frage: Wie weit springen der Tiger, der Frosch und das Känguru zusammen?

Lösung:

Antwort:

Frage: Wie weit muss das kleinste Tier noch springen um 1 m weit zu springen?

Lösung:

Antwort:

Trainingsheft 2 S. 90   2.2 Informationsauswertung

Zeit

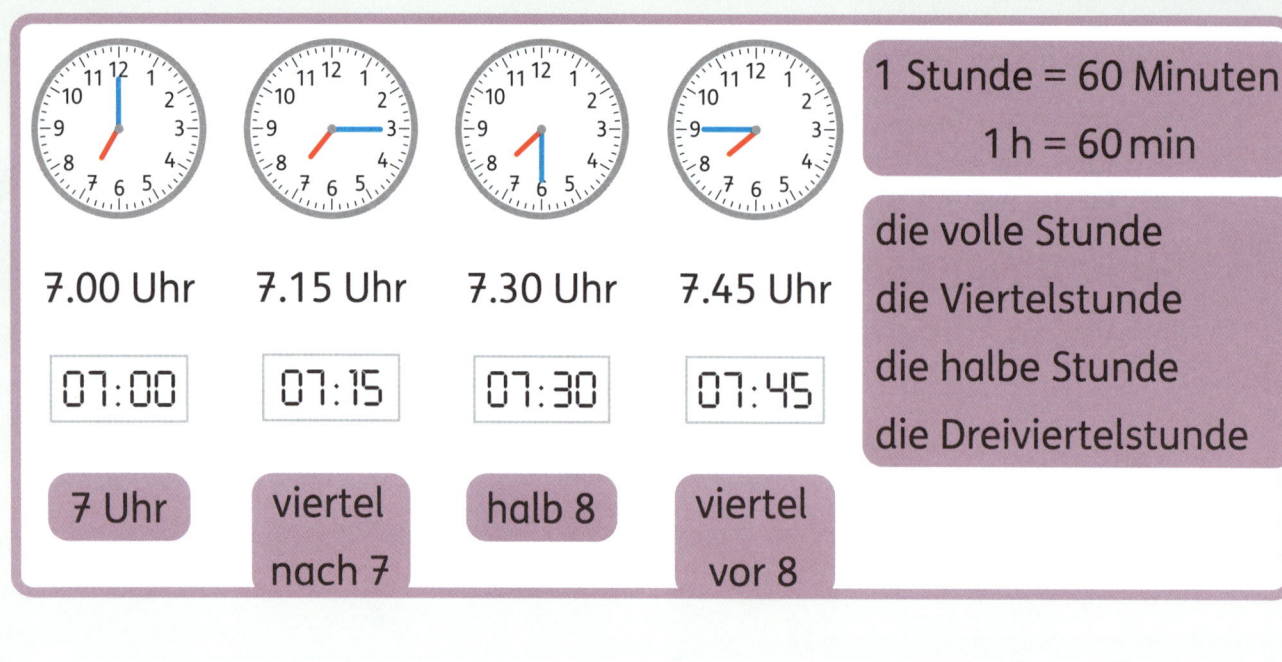

7.00 Uhr	7.15 Uhr	7.30 Uhr	7.45 Uhr	1 Stunde = 60 Minuten
07:00	07:15	07:30	07:45	1 h = 60 min
7 Uhr	viertel nach 7	halb 8	viertel vor 8	die volle Stunde / die Viertelstunde / die halbe Stunde / die Dreiviertelstunde

61

- 30 Minuten — fünf Minuten
- 45 Minuten — eine Minute
- 1 Minute — eine Viertelstunde
- 5 Minuten — eine Dreiviertelstunde
- 60 Minuten — eine Stunde
- 15 Minuten — eine halbe Stunde

Zeit

62 Schreibe beide Uhrzeiten auf.

| 4.15 Uhr | ____ Uhr | ____ Uhr | ____ Uhr |
| 16.15 Uhr | ____ Uhr | ____ Uhr | ____ Uhr |

| ____ Uhr | ____ Uhr | ____ Uhr | ____ Uhr |
| ____ Uhr | ____ Uhr | ____ Uhr | ____ Uhr |

63

| 12.45 Uhr | ____ Uhr | ____ Uhr | 3.45 Uhr |
| ____ Uhr | 14.15 Uhr | 17.30 Uhr | ____ Uhr |

64 Kartei Wie spät ist es?

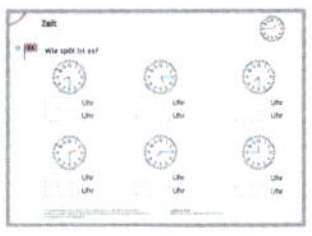

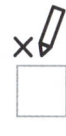

65 Spiel Ein Tag

gespielt mit _____

Trainingsheft 2 S. 91

139

Zeitspannen

`07:30` →

die Zeitspanne	der Beginn	7.45 Uhr	Offener Anfang
		8.30 Uhr	Morgenkreis / Deutsch
		9.15 Uhr	Mathematik
		10.00 Uhr	Hofpause
	die Dauer	10.15 Uhr	Frühstückspause
		10.30 Uhr	Freiarbeit
		12.00 Uhr	Mittagessen
		12.30 Uhr	Lernzeit
		13.00 Uhr	Schwimmen
	das Ende	14.30 Uhr	Schulende

66

Beginn	Dauer	Ende
09:15	45 min →	10:00
__:__	→	__:__
__:__	→	__:__
__:__	→	__:__
__:__	→	__:__

140   → Trainingsheft 2 S. 92   2.2 Informationsauswertung

Zeitspannen

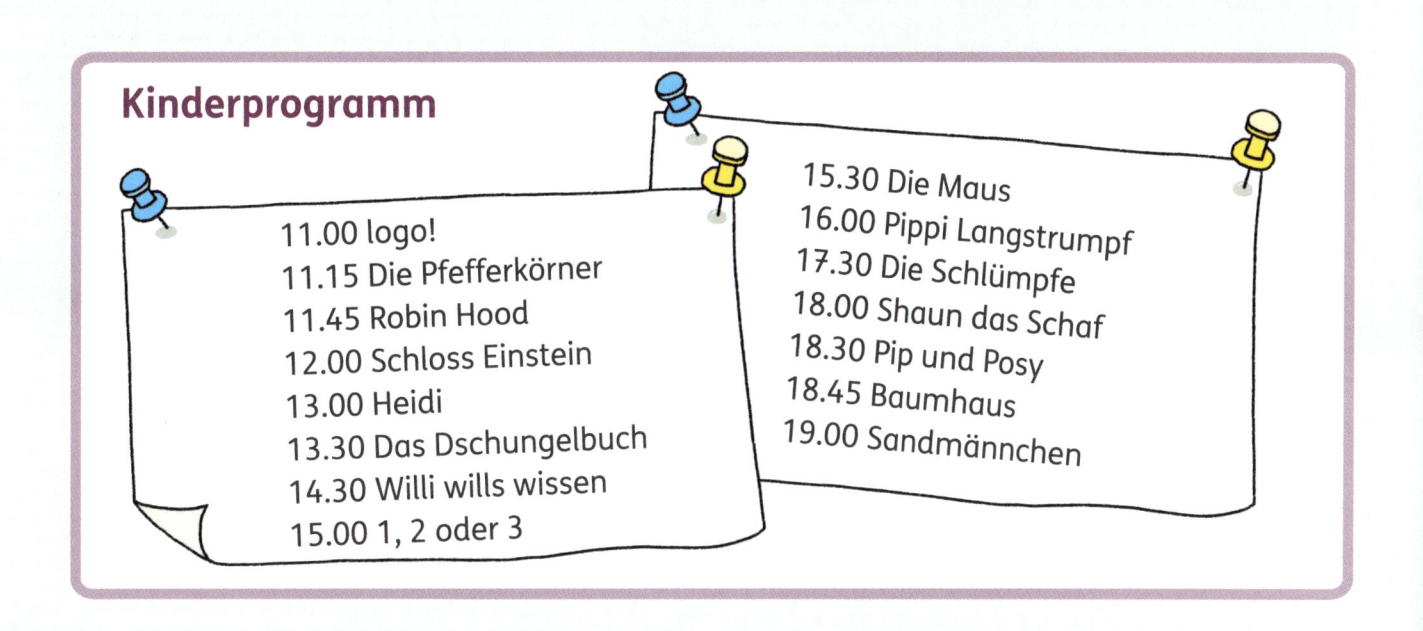

07:30 →

Kinderprogramm

11.00 logo!
11.15 Die Pfefferkörner
11.45 Robin Hood
12.00 Schloss Einstein
13.00 Heidi
13.30 Das Dschungelbuch
14.30 Willi wills wissen
15.00 1, 2 oder 3

15.30 Die Maus
16.00 Pippi Langstrumpf
17.30 Die Schlümpfe
18.00 Shaun das Schaf
18.30 Pip und Posy
18.45 Baumhaus
19.00 Sandmännchen

67

Frage: Wie lange dauert Willi wills wissen?
Lösung:

Antwort: Willi wills wissen dauert

Frage: Um wie viel Uhr endet das Dschungelbuch?
Lösung:

Antwort:

Frage: Du stehst um 8 Uhr auf.
Wie lange musst du warten, bis Robin Hood anfängt?
Lösung:

Antwort:

68 **Kartei**
Wie lange dauert es?

69 **Heft**
Beschreibe deinen Tag.

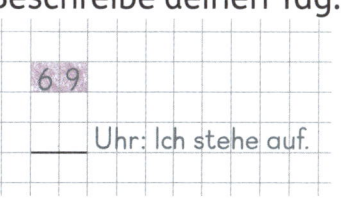

6.9
___ Uhr: Ich stehe auf.

→ Expertenheft 2 S. 42   MK 2.2 Informationsauswertung

141

Kalender

der Kalender

das Jahr
der Monat
die Woche
der Tag

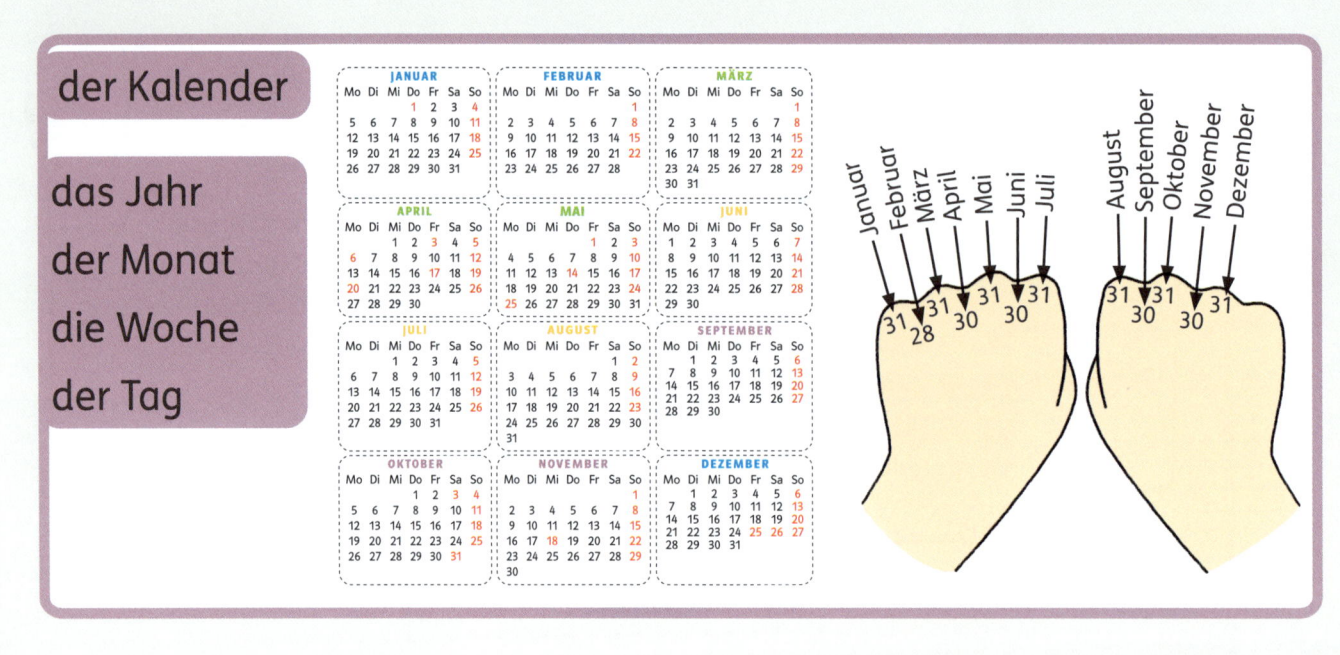

70 Welcher Monat ist es?

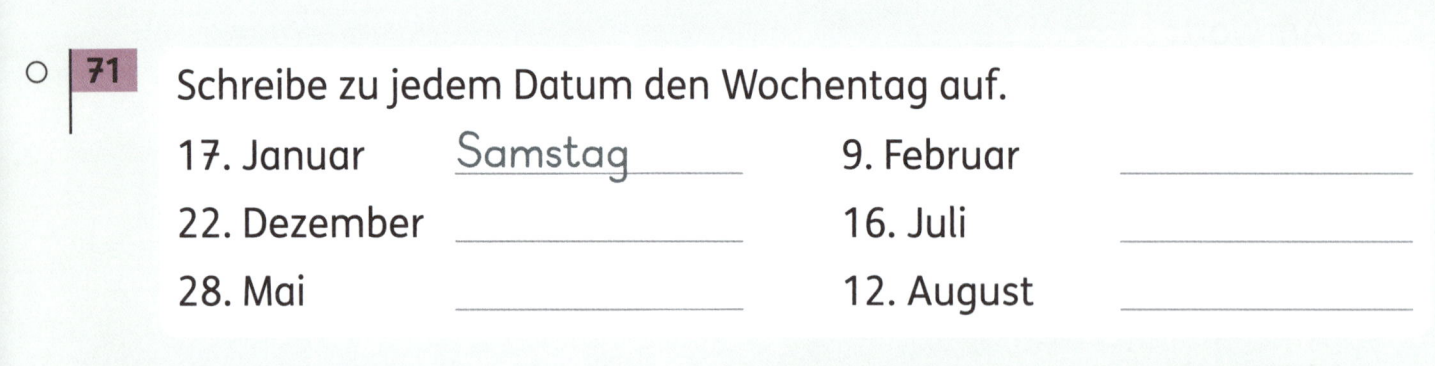

Januar   August   März   Juli   Oktober   Dezember

7.   8.   3.   1.   12.   10.

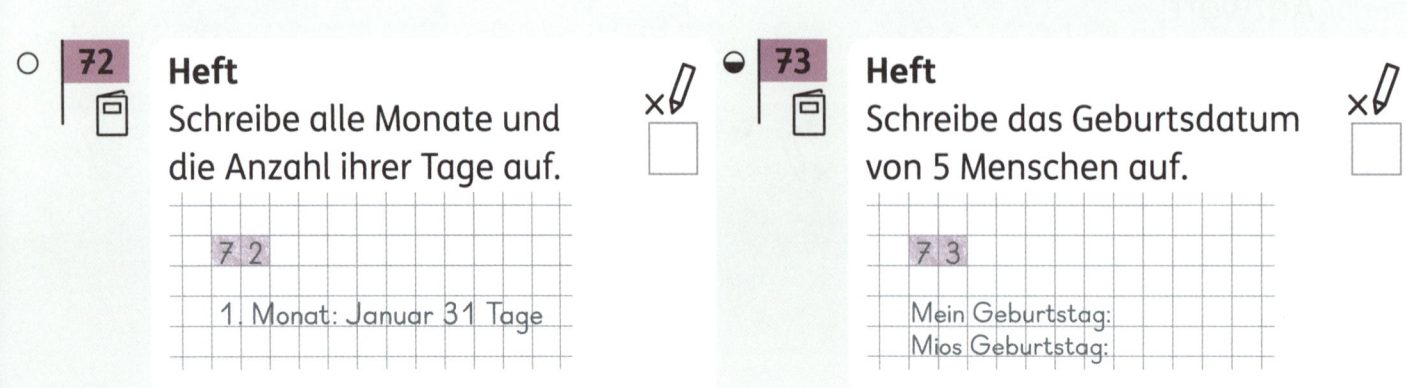

71 Schreibe zu jedem Datum den Wochentag auf.

17. Januar   Samstag   9. Februar   _____
22. Dezember _____   16. Juli   _____
28. Mai   _____   12. August   _____

72 Heft
Schreibe alle Monate und die Anzahl ihrer Tage auf.

7 2

1. Monat: Januar 31 Tage

73 Heft
Schreibe das Geburtsdatum von 5 Menschen auf.

7 3

Mein Geburtstag:
Mios Geburtstag:

142   → Trainingsheft 2 S. 93   2.2 Informationsauswertung

Kalender

74 Schreibe das Datum kürzer.

13. Februar 13.2.   9. April _____
31. März   _____   1. Juni   _____
19. September _____   16. November _____
17. Juli   _____   24. Mai   _____

75 Stimmt das? Kreuze an.   ja nein

Heute ist der 4.12. Übermorgen kommt der Nikolaus.   ☐   ☐
Der 13.12. ist ein Freitag.   ☐   ☐
Heute ist der 1. Januar. Gestern war Silvester.   ☐   ☐
Im Dezember ist Frühlingsanfang.   ☐   ☐
Heute ist der 10.12. In 2 Wochen ist Weihnachten.   ☐   ☐
Der September hat 30 Tage.   ☐   ☐
Der dritte Freitag im Mai ist der 16.5.   ☐   ☐
Der August hat 31 Tage.   ☐   ☐

76 Schreibe das richtige Datum auf.

Übermorgen heiratet Tante Emma. _____
Vor 11 Tagen hatte Nadja Geburtstag. _____
Vor einer Woche war Olli krank. _____
Oma und Opa fahren in einer Woche in den Urlaub. _____
Vorgestern war ich nicht einkaufen. _____
In einem Monat fängt die Kirmes an. _____
In 2 Wochen bekomme ich neue Schuhe. _____
Am kommenden Freitag gehe ich ins Kino. _____

Häufigkeiten

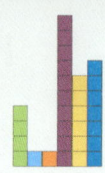

77 Die Kinder der Froschklasse bekommen in der Pause Obst und Gemüse. In einer Umfrage wurde nach ihrem Lieblingsobst und Lieblingsgemüse gefragt.

Erkläre die Ergebnisse der Umfrage.

Die meisten Kinder _____

Die wenigsten Kinder _____

78 Schau dir das Säulendiagramm oben genau an.
Beantworte die Fragen. Ein Kästchen steht für ein Kind.

Wie viele Kinder mögen am liebsten Weintrauben?   4 Kinder
Wie viele Kinder haben an der Umfrage teilgenommen?   _____
Wie viele Kinder mögen Paprika?   _____
Wie viele Kinder mögen Bananen?   _____
Welches Gemüse ist am beliebtesten?   _____
Welches Obst ist am beliebtesten?   _____

2.3 Informationsbewertung

Häufigkeiten

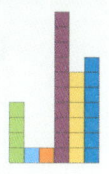

79 In der Maulwurfklasse wurde die gleiche Umfrage durchgeführt.
Wie könnte das Säulendiagramm aussehen?

- Die meisten Kinder mögen Bananen.
- Die wenigsten Kinder mögen Paprika.
- Gurken und Birnen sind gleich beliebt.
- Weintrauben sind beliebter als Gurken und Birnen.

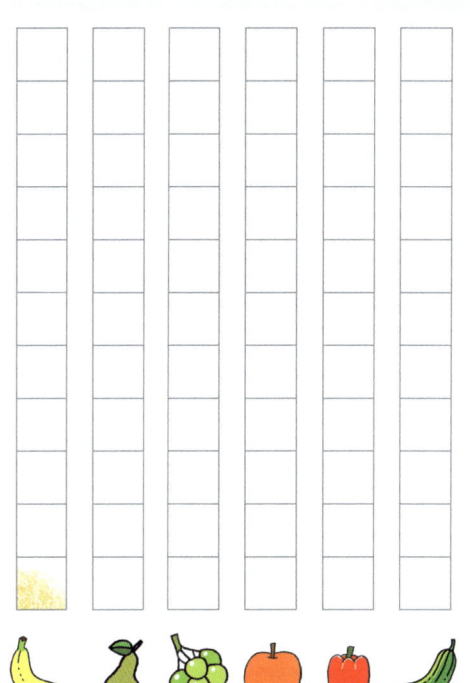

80 Mache in deiner Klasse eine Umfrage.
Frage die Kinder, welches Obst oder Gemüse sie am liebsten mögen.
Zeichne auch ein Säulendiagramm.

Erkläre die Ergebnisse der Umfrage.

→ **Trainingsheft 2** S. 94
→ **Expertenheft 2** S. 43

2.3 Informationsbewertung

145

Wahrscheinlichkeiten

das Würfelexperiment

die Augenzahl

sicher
wahrscheinlich
unwahrscheinlich
möglich
unmöglich

81 Würfle 50-mal. Zeichne für jede gewürfelte Augenzahl einen Strich.

	⚀	⚁	⚂	⚃	⚄	⚅
Strichliste						
gesamt						

Am häufigsten habe ich die Augenzahl ☐ gewürfelt.

Am seltensten habe ich die Augenzahl ☐ gewürfelt.

82 Bildet Gruppen aus 4 bis 5 Kindern.

Rechnet eure Ergebnisse aus dem Würfelexperiment zusammen.

	⚀	⚁	⚂	⚃	⚄	⚅
gesamt						

83 Vermutet. Spielt das Spiel. Würfelt abwechselnd mit einem Würfel.

Kind 1 bekommt bei den Augenzahlen ⚀ ⚁ ⚂ ⚃ einen Punkt.
Kind 2 bekommt bei den Augenzahlen ⚄ ⚅ einen Punkt.

☐ Es ist wahrscheinlich, dass Kind 1 gewinnt.

☐ Es ist sicher, dass Kind 1 gewinnt.

☐ Es ist unmöglich, dass Kind 2 gewinnt.

☐ Das Spiel ist gerecht.   ☐ Das Spiel ist ungerecht.

→ Expertenheft 2 S. 44   4.1 Medienproduktion und Präsentation

Wahrscheinlichkeiten

die Würfelsumme

5, 6, 7, 8, 9   2, 3, 4, 10, 11, 12

Ich habe die Würfelsumme 7 gewürfelt. Du bekommst einen Punkt.

84 Vermutet. Spielt dann das Spiel. Würfelt abwechselnd.

Kind 1 bekommt bei den Würfelsummen **5, 6, 7, 8, 9** einen Punkt.
Kind 2 bekommt bei den Würfelsummen **2, 3, 4, 10, 11, 12** einen Punkt.

☐ Es ist wahrscheinlich, dass Kind 1 gewinnt.
☐ Es ist wahrscheinlich, dass Kind 2 gewinnt.
☐ Das Spiel ist gerecht.   ☐ Das Spiel ist ungerecht.

85 Wie viele Möglichkeiten gibt es, die Würfelsummen zu würfeln?

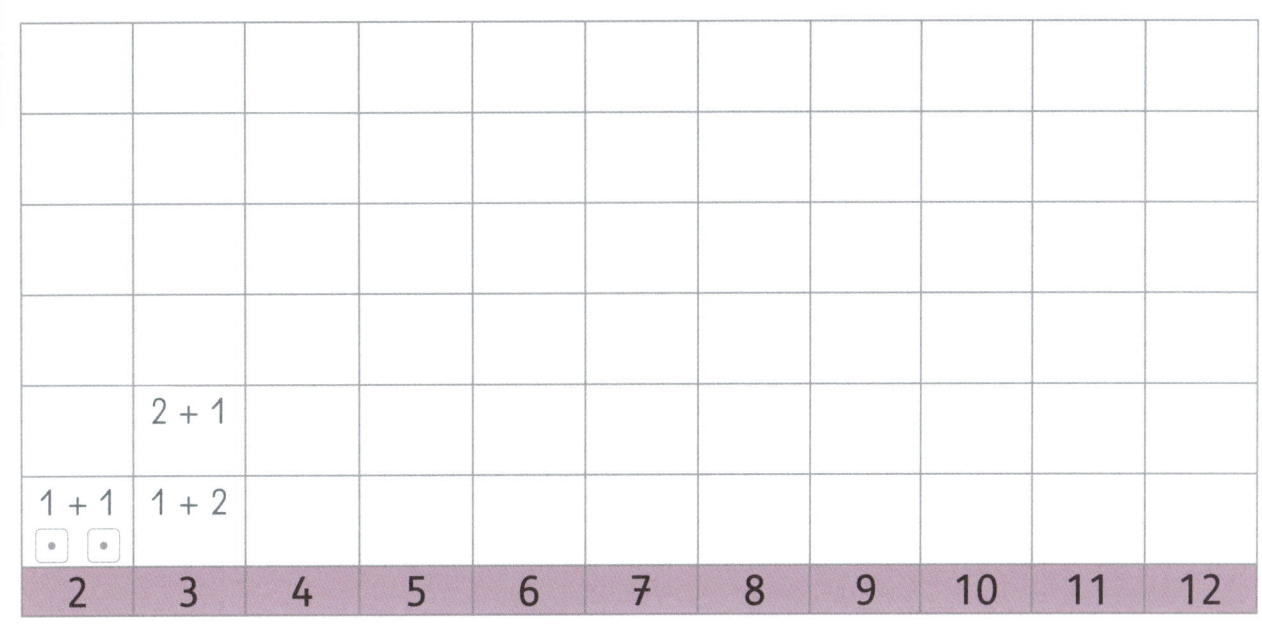

	2+1									
1+1	1+2									
2	3	4	5	6	7	8	9	10	11	12

Erkläre, warum das Spiel gerecht oder ungerecht ist.
Wie könntest du das Spiel verändern, damit es für beide Kinder gleich wahrscheinlich ist, zu gewinnen?

Sachaufgaben

F L A

86 Male die Geschichte, die Frage und die Lösung die zusammengehören in der gleichen Farbe an. Es bleiben Lösungen übrig.

Geschichte	Frage	Lösung
Roman ist Torwart. In den letzten 3 Spielen hat er immer 5 Bälle gehalten.	Wie viele Bälle hat Roman insgesamt gehalten?	15 : 3 = ____
		3 · 5 = ____
	Wie alt ist Sofia?	
Heute ist der 8. August. Am 12. August hat Sofia Geburtstag.		14 cm + ____ = 60 cm
	Wie viele Zentimeter ist Brutus gewachsen?	8 + ____ = 12
Brutus ist ein 60 cm großer Hund. Als Welpe war er 14 cm groß.	In wie vielen Tagen hat Sofia Geburtstag?	15 Uhr ──h──▸ 18 Uhr
		60 cm − 14 cm = ____
	Wie groß ist Brutus?	
Emma geht um 15 Uhr zum Kindergeburtstag. Um 18 Uhr wird sie wieder abgeholt.	Wie lange ist Emma auf dem Kindergeburtstag?	67 − 15 = ____
		3 + 5 = ____

87 Heft Wähle eine Lösung aus, zu der keine Geschichte passt. Zeichne dazu ein passendes Bild.

88 Kartei Sachaufgaben lösen

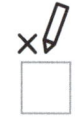

→ **Trainingsheft 2** S. 95
→ **Expertenheft 2** S. 45

Sachaufgaben

F L A

89 Mimi plant an ihrem Geburtstag ein Picknick im Park mit ihren 11 besten Freundinnen und Freunden. Hilf ihr dabei!
Mimi will sich mit den Kindern um 15 Uhr im Park treffen.
Nach 3 Stunden und 30 Minuten sollen die Kinder wieder abgeholt werden.

Frage: _____

Lösung: | 1 | 5 | Uhr | → | | | | | | | | | | | |

Antwort: _____

90 Mimi nimmt Decken mit. Auf eine Decke passen 3 Kinder.

Frage: _____

Lösung:

Antwort: _____

91 Mimi hat von ihrer Oma 20 € für Eis bekommen. Ein Eis kostet 1 € 50 ct.

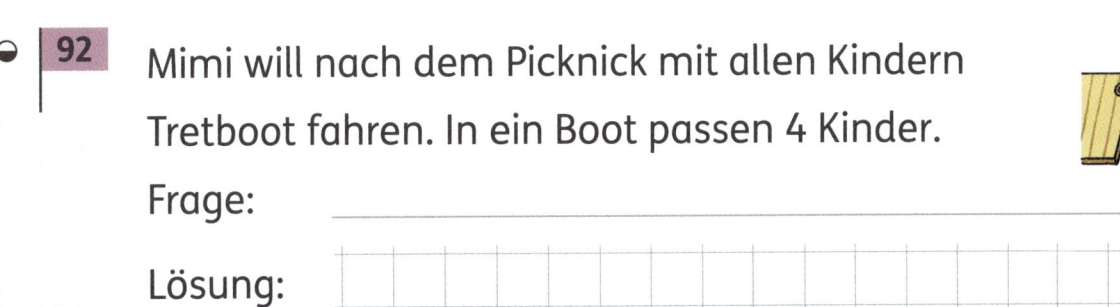

Frage: _____

Lösung:

Antwort: _____

92 Mimi will nach dem Picknick mit allen Kindern Tretboot fahren. In ein Boot passen 4 Kinder.

Frage: _____

Lösung:

Antwort: _____

→ **Trainingsheft 2** S. 96
→ **Expertenheft 2** S. 46

Selbsteinschätzung
Geometrie und Größen

Datum:

	Ich kann Figuren spannen und ergänzen.	☐☐☐	☐☐☐
	Ich kann Körper benennen und beschreiben.	☐☐☐	☐☐☐
	Ich kann Würfelgebäude nach einem Bauplan bauen und Baupläne schreiben.	☐☐☐	☐☐☐
	Ich kann Ansichten zuordnen.	☐☐☐	☐☐☐
	Ich kenne alle Centmünzen, Euromünzen und Euroscheine.	☐☐☐	☐☐☐
	Ich kann passend bezahlen und das Rückgeld berechnen.	☐☐☐	☐☐☐
	Ich kenne Zentimeter und Meter.	☐☐☐	☐☐☐
	Ich kann Längen messen, vergleichen und ordnen.	☐☐☐	☐☐☐
	Ich kann mit Längenangaben rechnen.	☐☐☐	☐☐☐
	Ich kann die Uhrzeit minutengenau ablesen.	☐☐☐	☐☐☐
	Ich kann Zeitspannen berechnen.	☐☐☐	☐☐☐
	Ich kann Säulendiagramme lesen und erstellen.	☐☐☐	☐☐☐
	Ich kann Wahrscheinlichkeiten angeben.	☐☐☐	☐☐☐

Das muss ich noch üben:

Unterschrift Kind:

Unterschrift Lehrkraft:

Unterschrift Eltern:

Expertenheft 2 S. 47/48

1 · 1 Tafel

	Aufgaben mit 1	Aufgaben mit 2	Aufgaben mit 3	Aufgaben mit 4	Aufgaben mit 5	Aufgaben mit 6	Aufgaben mit 7	Aufgaben mit 8	Aufgaben mit 9	Aufgaben mit 10
1er-Reihe	1·1	2·1	3·1	4·1	5·1	6·1	7·1	8·1	9·1	10·1
2er-Reihe	1·2	2·2	3·2	4·2	5·2	6·2	7·2	8·2	9·2	10·2
3er-Reihe	1·3	2·3	3·3	4·3	5·3	6·3	7·3	8·3	9·3	10·3
4er-Reihe	1·4	2·4	3·4	4·4	5·4	6·4	7·4	8·4	9·4	10·4
5er-Reihe	1·5	2·5	3·5	4·5	5·5	6·5	7·5	8·5	9·5	10·5
6er-Reihe	1·6	2·6	3·6	4·6	5·6	6·6	7·6	8·6	9·6	10·6
7er-Reihe	1·7	2·7	3·7	4·7	5·7	6·7	7·7	8·7	9·7	10·7
8er-Reihe	1·8	2·8	3·8	4·8	5·8	6·8	7·8	8·8	9·8	10·8
9er-Reihe	1·9	2·9	3·9	4·9	5·9	6·9	7·9	8·9	9·9	10·9
10er-Reihe	1·10	2·10	3·10	4·10	5·10	6·10	7·10	8·10	9·10	10·10

Unsere Mathesprache

die Geheimschrift	zurück zum Zehner
Z | E 4 | 3 der Zehner der Einer	7 5 − 5 = 7 0 ; 70 — 75 — 80, −5

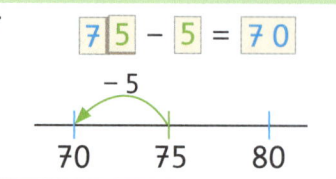

die Nachbarzahlen	zuerst zum Zehner
49 50 51 der **V**orgänger der **N**achfolger	7; 43 − 3 − 4 = 36

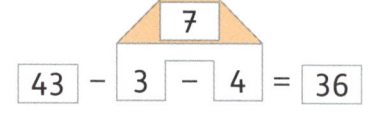

die Nachbarzehner	unter den Zehner
50 … 60 … 54	75 − 48; −8, −40; 27 35 75

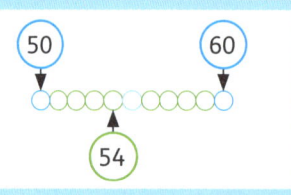

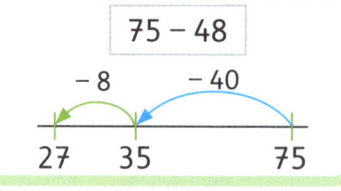

das Hunderterfeld	die Malaufgabe
die Zeile / die Spalte	5 · 3 = 15; mal gleich das Ergebnis

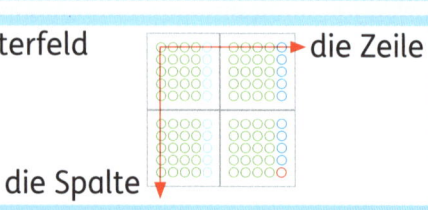

die Zehnerzahl	die Königsaufgaben
30 + 40 = 70 70 − 40 = 30	1·3 2·3 5·3 10·3

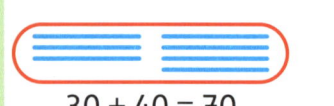

die Zwerg- und Riesenaufgaben	die Tauschaufgabe
6 + 3 = 9 5 − 3 = 2 36 + 3 = 39 75 − 3 = 72	2 · 3 = 6 3 · 2 = 6

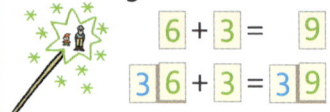

zum Zehner ergänzen	die Geteiltaufgabe
36 + 4 = 40; +4; 30 36 40	12 : 3 = 4; geteilt gleich das Ergebnis

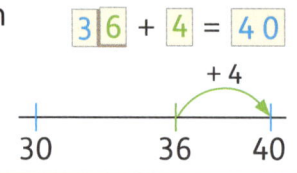

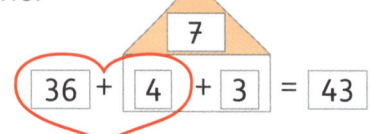

zuerst zum Zehner	die Umkehraufgabe
7; 36 + 4 + 3 = 43	12 : 3 = 4 4 · 3 = 12

über den Zehner	das Aufgabenteam
36 + 27; +20, +7; 36 56 63	3 · 4 = 12 4 · 3 = 12 12 : 4 = 3 12 : 3 = 4

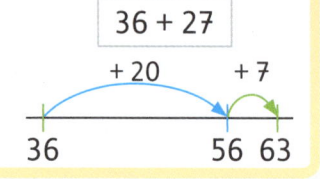

152